HISTOIRE

ABRÉGÉE ET CHRONOLOGIQUE,

DU

RÉTABLISSEMENT DES GOUVERNEMENS

RENVERSÉS

PAR DES SUJETS RÉVOLTÉS OU PAR DES USURPATEURS,

Montrant la conduite invariablement tenue par les souverains
légitimes lorsqu'ils ont ressaisi leur autorité et repris possession des pays soumis à leur puissance

Undè autem faciliùs quàm ex annalium
monumentis aut res bellica, aut omnis
reipublicæ disciplina cognoscitur? Undè
ad agendum aut dicendum copia de-
promi major gravissimorum exemplo-
rum, quasi incorruptorum testimo-
niorum, potest. *Fragment de
Cicéron, rapporté par* Nonius.

PARIS,

A. PIHAN DELAFOREST,

Imprimeur de Monsieur le Dauphin, de la Cour de Cassation,

RUE DES NOYERS, Nº 37.

1827.

AVERTISSEMENT.

On verra dans cet Abrégé la remise en vigueur, faite par les princes, des antiques lois anéanties pendant leur absence et l'interrègne, la restitution des propriétés publiques et privées, la reprise des biens confisqués sur les sujets loyaux, à cause de leur fidélité, de leur zèle et de leurs efforts pour la défense de l'État, le maintien ou le rétablissement des anciennes institutions, la punition des principaux coupables, des chefs de séditieux et des fauteurs de révolte.

Ce tableau présente aussi les principaux édits, les ordonnances des souverains, les sentences des magistrats, les décisions des jurisconsultes, les opinions des philosophes et des publicistes les plus célèbres et celles des plus grands hommes d'État sur ces graves et importantes matières.

INTRODUCTION.

Utilité de l'histoire pour le gouvernement des États, respect dû à la sagesse et aux leçons de l'antiquité.

« Interrogez les races passées, consultez avec soin « les histoires de nos pères. »   Job (C. 8, v. 8).

« Les sages publient ce qu'ils savent et ils ne cachent « point ce qu'ils ont reçu de leurs pères. »
          Job (C. 15, v. 17).

« Ne dites point d'où vient que les premiers temps « ont été meilleurs que ceux d'aujourd'hui, car cette « demande n'est pas sage. »   *Ecclésiaste* (C. 7, v. 11).

« Le sage aura soin de rechercher la sagesse des « anciens, et il en fera son étude. »
          Ecclésiastique (C. 39, v. 1).

« Consultez les siècles anciens, considérez ce qui « s'est passé dans la suite de toutes les races, interro-« gez vos aïeux et ils vous instruiront. »
          (*Cantique de* Moïse).

« Qui sait le passé juge de l'avenir. »   *Sagesse.*

« Ne négligez point les entretiens des vieillards, « parce qu'ils disent ce qu'ils ont appris de leurs « pères; car vous apprendrez d'eux l'intelligence. »
          Ecclésiastique (L. 8, c. 9).

« Qu'est-ce qui sera? Ce qui a été..... Qu'est-ce qui « a été fait? Ce qu'on fera. »   *Le même.*

« Il est très important de consulter l'histoire. »
          Aristote.

« L'histoire des évènemens passés est fort utile
« dans les affaires d'État et dans les délibérations sur
« les intérêts publics. »   ARISTOTE.

« L'expérience du passé est la mère de l'avenir. »
                                             THUCYDIDE.

Dans son plus bel ouvrage, dans celui qu'il composa
pour l'instruction de ses enfans, Cicéron leur dit : « Non-
seulement pendant leur vie et en personne, mais encore après leur mort, par les monumens littéraires
qu'ils laissent, les savans instruisent ceux qui veulent
apprendre : en effet, ils n'ont rien oublié de ce qui
regarde les lois, les mœurs et les gouvernemens,
en sorte qu'ils semblent avoir consacré le fruit de leurs
loisirs à nos travaux..... Et nous-même, mes fils, si
nous avons apporté quelques talens et quelques lumières
dans les charges de la république, c'est aux leçons de
ces doctes auteurs que nous avons été redevable des
succès que nous avons obtenus dans le gouvernement
de la république. » (Off. de CICÉRON, liv. 1, ch. 44).

« L'antiquité nous offre tant d'utiles leçons, tant
« d'instructifs exemples, que nous ne pouvions naître
« à une époque plus heureuse que la nôtre, puisque
« les siècles qui l'ont précédée ont travaillé pour
« notre instruction. »   QUINTILIEN.

« Pour ce qui est des autres objets qui sont du res-
« sort de l'esprit, l'un des plus utiles est d'écrire
« l'histoire. » SALLUSTE (*Hist. de Jugurtha.* liv. 4).

« C'est dans l'étude et la connaissance de l'histoire
« que l'on peut trouver les principes les plus vrais, les
« règles les plus parfaites pour le gouvernement des
« États. »   TITE-LIVE.

« Alexandre Sévère appelait près de lui, admettait

« dans ses conseils les savans, et surtout ceux qui
« étaient versés dans la connaissance de l'histoire. »
LAMPRIDIUS.

« Ne refusez pas de consulter l'Histoire, car là vous
« trouverez sans travail ce que les autres ont recueilli
« avec tant de peine. » (*Avis de l'empereur* BASILE).

« Quelle chose peut mieux nous conduire..... que
« l'expérience de nos prospérités passées ? Nous de-
« vons être fidèles à tant de siècles et suivre nos pères
« qui ont si heureusement suivi les leurs. »
Lettres de SYMMAQUE,

« Dans tous les temps les mêmes désordres se sont
« manifestés..... de sorte que, pour qui veut examiner
« soigneusement les évènemens passés, il lui sera aisé
« de prévoir, dans tous les États, ce qui doit arri-
« ver, et y apporter les mêmes remèdes que les an-
« ciens y ont appliqués. »
Discours de MACHIAVEL (Liv. 1, c. 39).

« Les hommes instruits disent avec raison, et non
« pas légèrement et au hasard, que quiconque veut
« prévoir ce qui arrivera n'a qu'à observer ce qui est
« arrivé ; car toutes les choses du monde, et à toutes
« les diverses époques, se retrouvent dans les siècles
« passés. »   *Le même* (Liv. 3, c. 43).

« Alfonse le Sage, roi de Sicile, disait que les morts
« étaient les meilleurs conseillers. »

« Il n'y a rien de meilleur que les choses éprou-
« vées..... N'écoutez pas les vains et infinis raisonne-
« mens qui ne sont pas fondés sur l'expérience, il n'y
« a que le passé qui puisse vous garantir l'avenir. »
BOSSUET.

Un jurisconsulte renommé, Bonaventure de Fourcroi, voulait que les magistrats connussent l'histoire, qu'il appelait *la porte de toutes les sciences.*

« L'histoire , cette grande école de la sagesse ,
« nous fournit des leçons et des exemples sur tous
« les sujets ; et les évènemens qu'elle nous présente
« sont autant de préceptes de prudence et de morale
« que ce vaste miroir offre à notre imitation. »

Anonyme.

« L'histoire forme une véritable théorie politique
« extraite des évènemens. » *Anonyme.*

« Les nations courent orgueilleusement à leur perte
« par le mépris de l'expérience. » Ch. Nodier,

Horace même , ce poète aimable , qui sous les fleurs cache de si grandes vérités, des leçons si sages et si utiles, dit que l'histoire, par les faits qu'elle rapporte , *Orientia tempora notis instruit exemplis ,* enseigne ce qui fut funeste aux siècles passés et qu'il faut éviter, ce qui leur fut avantageux et que l'on doit imiter.

CHAPITRE PREMIER.
HISTOIRE ANCIENNE.

« Dieu parla ainsi à Moïse : *Écrivez ceci dans un livre pour servir de monument éternel , car je détruirai de dessous le ciel le nom d'Amalec* (Exode, 17 , 14.), comme s'il disait, je veux que l'on se souvienne des faits mémorables, afin que le gouvernement des hommes mortels, conduit par l'expérience et les exemples des choses passées, ait des conseils immortels. »

(*Politique sacrée de* Bossuet.)

« Cet attachement aux lois et aux anciennes maximes affermit la société et rend les États immortels ; elle fait regarder l'État comme gouverné, ainsi que l'univers, par des conseils d'une immortelle durée. »   (*Le même.*)

Les hébreux, l'an du monde 3468, avant Jésus-Christ 536, après avoir été conduits à Babylone et y avoir été pendant 70 ans retenus en captivité, revinrent à Jérusalem, en reprirent possession, ainsi que de leurs villes et de leurs villages. « Voici le « dénombrement des enfans d'Israël, qui ayant été « emmenés captifs à Babylone par Nabuchodonosor, « roi de Babylone, revinrent à Jérusalem et dans « le pays de Juda, chacun en sa ville..... Toute « cette multitude était comme un seul homme, et com-« prenait quarante deux mille trois cent soixante per-« sonnes, sans les serviteurs et les servantes, qui « étaient sept mille trois cent trente-sept, et parmi eux « il y avait deux cents chantres, hommes et femmes... « Les prêtres et les lévites, et ceux d'entre le peuple, « les chantres, les portiers et les Nattinéens, s'établi-« rent donc dans leurs villes, et tout le peuple d'Is-« raël demeura chacun dans sa ville. »

Esdras (Liv. 1 , c. 2).

« Les princes du peuple demeurèrent dans Jérusa-« lem ; mais pour tout le reste du peuple on jeta au sort « afin que la dixième partie demeurât dans cette sainte « cité et que les neuf autres habitassent dans les autres « villes. »

Voici donc quels furent les princes de la province (*de la Judée*) qui demeurèrent dans Jérusalem et dans la ville de Juda, chacun habita dans son héritage et dans ses villes.

(*Suivent les noms* et le dénombrement de ceux qui demeurèrent à Jérusalem.)

« Le reste du peuple d'Israël et les autres prêtres
« et les lévites demeurèrent dans toutes les villes de
« Juda et chacun dans son héritage. »

Et pour ce qui est des autres demeures où ils s'établirent dans le pays, etc. (*Viennent ensuite les noms
des villes, des villages, des lieux et de leurs dépendances
où s'établirent les enfans de Juda et ceux de Benjamin*).

« Et les lévites avaient leur demeure dans les par-
« tages de Juda et de Benjamin. »

Esdras (Liv. 2, chap. 12).

LES GRECS.

Dans les troubles d'Athènes et dans les différentes
révolutions de son gouvernement, tout ce que les
usurpateurs avaient ordonné ou fait fut annulé... Les
lois, les actes publics ou privés des trente tyrans furent
abrogés. C'est ce que nous apprend la harangue de
Démosthène contre Timocrate, dans laquelle cet orateur rapporte le texte de deux lois rendues à ce sujet.

LOI.

« Tout ce qui a été fait sous les trente tyrans, tous
« les jugemens publics ou particuliers qui ont été
« rendus seront infirmés. »

LOI.

« Tout jugement qui a été rendu conformément aux
« lois, lorsque la ville était libre, sera confirmé. »

Après que l'officier public eut fait lecture de ces
deux lois, Démosthène continuant dit : « Je vous le
demande, vous tous qui m'écoutez, qu'est-ce que vous
regarderiez comme l'évènement le plus triste, le plus
contraire à vos désirs ? ne serait-ce pas que le gouvernement des trente fût renouvelé ? La loi y a pourvu,

ce me semble, lorsqu'elle a ordonné que tout ce qui a été fait sous ces tyrans serait infirmé. »

On lit encore dans un discours d'Andocides une confirmation de la même mesure adoptée par les Athéniens. « Après l'expulsion des trente tyrans, dit cet orateur, on rendit ce décret :

« Sur la proposition de Tysamène, le peuple a or-
« donné que les Athéniens se gouverneraient suivant
« les usages de leurs pères; qu'ils se serviraient des
« lois et règlemens de Solon et de Dracon, comme par
« le passé *. »

LOI.

« Tous les jugemens particuliers qui ont été rendus par les tribunaux, sous le règne de la démocratie, seront confirmés, on ne se servira que des lois reçues depuis l'archonte Euclide **. »

LOI.

« Si quelqu'un détruit la démocratie à Athènes, ou s'il possède une charge quand la démocratie sera dé-truite, il sera censé ennemi des Athéniens, il pourra être tué impunément, ses biens seront confisqués et la dixième partie sera adjugée à Minerve..... Tous les sermens contraires au peuple d'Athènes qui ont été prêtés dans les villes, dans le camp ou ailleurs, je les annule et j'en décharge ceux qui les ont prêtés. » Le sénat et le peuple ont rendu cette ordonnance sur la proposition de Démophante.

LES ROMAINS.

« Le dictateur Camille était très religieux, rigide

---

* Ce décret fut confirmé par les deux autres ordonnances suivantes.

** Euclide, fut le premier archonte après l'expulsion des Trente.

observateur de la religion et de ses rites, aussi en rentrant à Rome son premier soin fut de s'occuper de cet objet important, et de faire au sénat un rapport concernant les choses qui regardaient les dieux immortels. En conséquence un sénatus-consulte ordonna que tous les temples dont les ennemis s'étaient emparés seraient rendus à leur usage ancien, qu'ils seraient purifiés et consacrés de nouveau, suivant les antiques formes prescrites dans les livres sacrés. Il fut aussi fait un décret d'alliance et d'hospitalité perpétuelles avec les habitans de la ville de Cérès en Toscane, en reconnaissance et pour perpétuer la mémoire de ce qu'ils avaient reçu en dépôt les dieux de Rome, les objets de son culte et recueilli ses prêtres. Cet acte du sénat déclara en outre que le peuple romain conserverait une reconnaissance éternelle de ce que, par ce bienfait de ceux de Cérès, les honneurs dus aux divinités de Rome n'avaient point été interrompus. »

TITE-LIVE (Liv. 5, c. 5o. Ann. avant J.-C., 387).

La conduite d'Aratus est trop célèbre, trop connue pour que je la rapporte ici longuement, je me bornerai donc à rappeler qu'il y avait cinquante ans que Sycione avait subi le joug d'un usurpateur, lorsque Aratus se rendit maître de cette ville, surprit et tua le tyran Nicoclès et rappela six cents citoyens de cette ville, qui en avaient été bannis. C'étaient les personnages les plus considérables et les plus riches de la république. Aratus rétablit l'ancien gouvernement et restitua leurs biens à ceux qui en avaient été dépouillés.

CICÉRON (25o Ann. avant J.-C.).

« Sur ces coupables et cruelles confiscations, Cicéron « dit avec tant de raison : Quoi ! vous habitez ma maison

« sans l'avoir payée ! J'aurai acheté, bâti, embelli,
« entretenu, dépensé, et vous jouirez de mon bien
« malgré moi ! N'est-ce pas ravir aux uns pour donner
« aux autres ? »

Ce principe de justice éternelle, de la justice de
tous les temps et de tous les lieux, cette nécessité
constamment reconnue, solennellement avouée d'arracher aux spoliateurs et de rendre aux anciens et seuls
légitimes propriétaires les biens qui leur auraient été
ravis par la violence, furent reconnus et hautement proclamés par le sénat romain, lorsque, invoqué par les
Lacédémoniens, il envoya à leur secours une armée
commandée par Quintius, pour protéger ces infortunés
contre leur avare et sanguinaire tyran. Parmi les diverses et dures conditions que ce général imposa à
Nabis, *il lui fut enjoint de rendre aux villes et aux États
alliés des Romains les déserteurs et les prisonniers, et
en particulier aux Messéniens, tous les objets qui se
retrouveraient, et que les propriétaires reconnaîtraient
pour leur avoir appartenu ; qu'on rendrait à ces exilés
comme à ceux de Lacédémone, leurs biens, leurs enfans,
ainsi que celles de leurs épouses qui voudraient suivre
leurs maris* **.

Il y avait quarante ans que les Lacédémoniens avaient
été bannis et dépouillés. Réduite à la dernière extrémité, la ville était sur le point d'être emportée d'assaut,
aussi perfide que cruel, Nabis déclara n'avoir pour loi
que la volonté du sénat ; mais, par cette feinte soumission
et par d'autres ruses, il ne cherchait, en obtenant une

* J'ai suivi dans la citation de ce passage, et l'on peut consulter
la leçon proposée par le savant M. Crevier et la note de ce judicieux critique sur le paragraphe 35 du 34ᵉ Livre de Tite-Live.

trève, qu'à gagner du temps et à reculer le moment de remplir l'obligation qu'il avait prise. Tandis que par divers moyens, sous différens prétextes, il traînait ainsi les choses en longueur, le terme du commandement de Quintius approchait; et ce général jaloux ne voulut pas laisser à son successeur le soin de terminer la noble, la généreuse entreprise qui lui avait été confiée, ni qu'un autre que lui recueillît toute la gloire d'une guerre que lui-même avait commencée. Quintius se hâta de faire la paix avec le tyran; mais ce fut à des conditions bien différentes de celles que le sénat avait imposées. Bientôt Rome eut lieu de regretter ce traité si contraire à l'humanité, ainsi qu'à la générosité qu'il avait annoncée, aux promesses qu'il avait faites aux infortunés qui avaient imploré sa protection et recouru à sa puissance.

Tite-Live (Liv. 54, 200 ans avant J.-C).

« Les Romains venaient d'obtenir de grands avantages en Espagne; ils rougirent enfin que Sagonte, cette cité, qui avait été la principale cause de la guerre, fût laissée plus long-temps au pouvoir de l'ennemi ; aussi, après en avoir chassé la garnison, ils reprirent cette ville et ils la rendirent à ceux de ses anciens habitans qui en avaient été bannis et que les désastres de la guerre avaient épargnés. »

Tite-Live (Liv. 24, 42, 214 ans avant J.-C).

Après vingt ans entiers de discordes civiles, de mépris des lois et des usages, d'oubli des mœurs antiques, et d'impunité assurée aux crimes; quand, dans ces temps affreux, la mort trop souvent avait été le prix de la vertu et de l'amour de la patrie, de la constante fidélité à ses lois; Auguste, tranquille maître du monde, et pour affermir davantage encore son pouvoir, voulut rendre le repos à l'Etat en y ramenant l'ordre et la justice ; aussi pendant son sixième consulat, il abolit tous les actes du triumvirat, établit des lois sévères pour faire jouir les Romains des bienfaits de son paisible gouvernement.   Tacite, *Ann.* (Liv. 3, c. 28).

Cet heureux usurpateur sentait que la puissance qui repose sur l'injustice et sur la spoliation, qui n'a pour appui que les actes de la tyrannie et de la révolte, ne saurait avoir qu'une durée éphémère et fragile, et que pour se maintenir elle doit reposer sur la base que la nature offre aux gouvernemens, et qui seule peut leur donner de la stabilité. « *Nihil rerum mortalium tam* « *instabile ac fluxum est, quàm fama potentiæ non suâ* « *vi nixæ.* »   Tacite, *Ann.* (Liv. 13, c. 19).

L'empereur Marc-Antonin, après la guerre contre Avidius Cassius, fit restituer aux anciens propriétaires les biens que ce général rébelle leur avait enlevés.

  Capitolin (C. 25, vers 170 ans avant J.-C).

Après la mort de Néron, on rendit à ceux qui en avaient été privés les honneurs et les dignités dont ils avaient joui ; on y en ajouta de plus considérables, les enfans des exilés furent rétablis dans le rang et dans les emplois que leurs pères avaient possédés. Les propriétés ravies à leurs parens leur furent restituées. Pour réparer les pertes qu'ils avaient souffertes, les biens de ce cruel empereur leur furent donnés en remplacement de ceux dont il les avait privés, et cette conduite, ces dédommagemens furent trouvés très justes. Je citerai les paroles mêmes du récit que Tacite fait de cette époque et de ces actes de justice et de prudence devenus une si haute leçon.

« Les finances occupèrent ensuite, et tout bien considéré, on trouva plus juste de chercher des ressources dans la cause de l'épuisement du trésor. Néron avait dissipé en dons, vingt-deux milliards de sesterces, * Galba les fit réclamer tous, à l'exception du dixième qu'on laissait à chacun; mais ce dixième leur restait à peine. Ils avaient été prodigues du bien d'autrui comme du leur, et les plus débauchés qui avaient été les plus avides n'avaient plus ni terres ni revenus. Ils conservaient pour tout bien les instrumens de leurs vices. On préposa, à cette exaction, trente chevaliers romains... ce n'étaient que ventes, saisies, confiscations. Toute la ville était en alarmes; et toutefois, on était ravi de voir ceux que Néron avait enrichis devenus aussi pauvres que ceux qu'il avait dépouillés. »

Histoires de TACITE (Liv. 1, c. 20)·

« Othon fit plus encore : De jeunes nobles arrivés de l'exil, des enfans, pour ainsi dire, il les décora par forme de dédommagement, de sacerdoces qui n'eussent convenu qu'à leur aïeul, ou tout au plus à leur père. La haine qu'on portait à Néron était telle qu'on abolit même de sages lois faites sous sa tyrannie. »

Les mêmes, (Liv. 1, c. 77).

« La veille des ides de mars, après avoir recommandé la république au sénat, il abandonna à ceux qu'on avait rappellés de l'exil tout ce qui ne serait point encore entré dans l'épargne des confiscations de Néron : présent magnifique en apparence, autant que juste, mais nul en effet par la célérité qu'on avait mise à ces exactions. »   *Les mêmes*, (Liv. 1, c. 89).

* Un peu plus de quatre cent vingt-huit millions de notre monnaie.

On reprit les biens que la justice ne permettait ni de donner ni de recevoir; car ces largesses scandaleuses, ces prostitutions de la fortune publique et particulière ne pouvaient être faites qu'au détriment de l'Etat; elles étaient d'avance frappées de nullité; « *mais la multitude se laissait séduire par les grands bénéfices offerts ; les plus dupes les payaient de leurs trésors, les hommes sages seuls regardaient comme nul ce qui ne pouvait être donné ni reçu sans ruiner la république.* »

Histoires de TACITE (Liv. 3, c. 55).

Il fut jugé aussi important de faire revivre les lois anciennes, que de restituer les propriétés qui, dans le cours de cette guerre civile avaient été prises, et quand le calme commença à se rétablir, « on nomma au sort une commission pour faire la restitution des biens enlevés pendant la guerre ; pour vérifier les tables des lois que le temps avait effacées, et les rétablir, pour décharger les fastes de ces viles adulations dont ces temps malheureux les avaient souillés, enfin pour mettre des bornes aux dépenses et aux dilapidations publiques. »

Histoires de TACITE (Liv. 4, c. 40).

« Nerva rappela les exilés et annula les confiscations prononcées injustement contre eux. Parmi ceux à qui le bienfait du prince rendit leur état, l'histoire nous fait connaître en particulier Junius Mauricus, frère d'Arulenus, Arria, veuve de Thraseas, Fannia, fille d'Arria et belle-mère de Helvidius Priscus, mis à mort par Domitien. »

CRÉVIER (*Histoire des Empereurs.* Liv. 18).

« Vespasien, qui, par ses vertus, mérita d'être appelé *les délices du genre humain*, suivit ces nobles et sages exemples, les grandes leçons de prudence autant que de justice que ses prédécesseurs et l'histoire même d'autres États lui avaient donnés. Cet empereur voulut aussi que des commissaires désignés par le sort fissent restituer à ceux qui en avaient été dépouillés les biens que la guerre leur avait ravis. »

Suétone (Vie de Vespasien. Ch. 10).

CHAPITRE II.

MOYEN AGE.

An 324. « Qu'il soit notoire à tous que nous avons abrogé les lois et les règlemens du tyran Licinius, et que nous voulons que l'ancien droit et nos ordonnances soient rétablis dans toute leur plénitude et toute leur force. » Constantin-le-Grand.

325. « Les ordonnances du tyran et les sentences de ses juges sont abolies. » Le même.

326. « Nous voulons que tout ce que le tyran a ordonné de contraire aux anciennes lois soit annulé et demeure sans effet. » Le même.

324. « Les ordonnances et les lois du tyran Licinius étant abrogées, qu'il soit notoire à tous qu'il ne faut plus obéir qu'aux lois anciennes, et aux règlemens émanés de notre autorité. » Constance.

326. « Nous annulons tout ce que le tyran a ordonné de contraire aux lois, et nous ne laissons subsister que ce qu'il a décidé conformément à l'ancien droit. » Le même.

352. « Tout ce que le tyran, ses officiers ou ses

jugesont décidé contre l'ancien droit est anéanti. Les propriétés ravies aux bannis leur seront rendues, entendant seulement que les conventions volontaires, les actes de gré à gré restent en vigueur. » CONSTANTIN-LE-GRAND.

388. « Nous défendons à quiconque a reçu du tyran des titres ou des dignités de les conserver ou de s'en décorer, remettant ces personnes dans le même état qu'auparavant. » VALENTINIEN.

388. « Tous les jugemens contraires aux anciennes lois et rendus par Maxime, le plus odieux des tyrans, sont cassés, ainsi que les lois et les actes qu'il a publiés. Nous défendons à qui que ce soit de s'en prévaloir. »

Le même.

389. « Tous ceux que, durant son usurpation, le tyran a élevés à quelque dignité, promus à quelque office, en rapporteront les titres, provisions, brevets... Les sentences portées par des hommes qui n'ont pas dû les prononcer, puisqu'ils n'avaient pas le caractère de juges légitimes, seront rayés des registres et des actes publics. Défendons que personne puisse se prévaloir de jugemens frappés d'avance d'une indélébile nullité, à cause de l'autorité dont ils émanaient, et des temps durant lesquels ils furent rendus. Nous conservons seulement les transactions libres et les contrats volontaires, dans lesquels il n'y aura eu ni fraude ni violence, et que la terreur n'aura pas fait souscrire. » CONSTANTIN.

395. « Nous voulons que les noms de ceux qui, sous le tyran Eugène, ont exercé le consulat, soient effacés des registres et des actes publics, et que ce temps soit regardé comme non avenu et comme s'il n'avait pas existé. » HONORIUS et ARCADIUS.

395. « Ceux qui ont suivi le parti du tyran Maxime, et qui ont obtenu de ses ministres ou de ses agens des portions du domaine de l'empereur, les rendront, et la perte de ces biens usurpés sera leur punition. »

HONORIUS et ARCADIUS.

395. « Ne consultant que notre bonté paternelle... Voulant faire participer au pardon que nous accordons aux personnes de tout rang et de tout état, nous défendons de noter d'infamie, ni qu'on puisse le leur reprocher, ceux qui ont servi dans les armées du tyran, ni ceux à qui il a donné quelque emploi, charge ou dignité ; entendant toutefois qu'ils ne conservent que les titres, les dignités ou les places dont ils jouissaient avant l'époque de la tyrannie. »   *Les mêmes.*

395. « Nous abolissons la tache d'infamie qu'auraient imprimée les dignités ou les honneurs conférés par le tyran, à ceux qui se seraient souillés en les acceptant. Nous réintégrons dans leur premier état tous, et sans exception, ceux qui l'auraient encourue, ne voulant pas toutefois et n'entendant point qu'ils tirent aucun avantage des honneurs accordés par le tyran. »

Les mêmes.

415. « Pour qu'il ne reste aucunes traces publiques ou particulières des choses faites par le tyran, nous cassons, annulons tout ce qui a été ordonné par lui, ou qui est émané de son autorité. Nous voulons même que l'infâme nom d'Héraclius disparaisse et que sa mémoire périsse. »   HONORIUS et THÉODOSE.

416. « Ceux qui durant les ravages des Barbares ont fait des choses répréhensibles ou qui se sont rendus coupables de violence, ne seront ni inquiétés, ni traduits en justice, une amnistie générale est accordée

pour les crimes qu'ont pu commettre ceux qui n'avaient d'autres moyens d'échapper aux tyrans qu'en s'associant à leurs forfaits et en les aidant dans leurs fureurs : *car on ne peut pas appeler crime ce que la crainte de la mort a contraint de faire.* * »   HONORIUS.

476 « Ayant solennellement annulé, cassé, infirmé absolument tout ce qui, au temps de la tyrannie, a été fait contre Dieu, contre son orthodoxe et sainte religion, l'ayant entièrement remise et rétablie dans son ancien état, telle qu'elle était avant notre déclaration concernant la foi de la religion orthodoxe, ayant également rendu aux très saintes églises les choses qui leur appartenaient, et déclaré nul et invalide, tout ce qui, durant ces temps funestes, avait été fait contre leurs vénérables évêques, soit par des ordinations sans autorité, soit en chassant les évêques de leurs sièges, ou en les privant de leurs droits de préséance et des honneurs qui leur sont dus; soit en ravissant au métropolitain ses prérogatives et ses antiques privilèges, pendant ces époques impies, par des ordres coupables, par de criminelles sanctions-pragmatiques et constitutions**. Nous annulons, anéantissons tous actes émanés ou qui ont eu lieu en vertu de ces constitutions et qui en ont été la suite. Nous voulons et ordonnons que l'on

---

* Mais en pardonnant à ces misérables les crimes qu'ils furent forcés de commettre, l'empereur ne voulut pas qu'ils en conservassent les fruits et il ordonna qu'ils restitueraient les propriétés dont ils s'étaient emparés, après en avoir chassé les légitimes possesseurs; il permit à ceux-ci de les réclamer en justice.

** Ces violences avaient été commises par les ordres de l'usurpateur et tyran Baslisque à Antioche, à Alexandrie, à Ephèse, à Tharsès Chalcédoine, Hiérapolis, Constantina, Théodosiopolis, Mophuslia.

restitue et que l'on conserve inviolablement aux saintes églises, aux pieux évêques, ainsi qu'aux clercs, aux moines les propriétés, les privilèges, les honneurs appartenant à la dignité épiscopale et dont ils avaient constamment joui, avant et depuis notre règne. » *Les empereurs Léon et Anthémius, donné le 16 des kalendes de janvier, an 476.*

SANCTION PRAGMATIQUE

DES EMPEREURS JUSTIN ET TIBÈRE.

Vers les années, 541 et 582.

ARTICLE 2. « Si le tyran Totilas a accordé quelque chose, donné quelque propriété à un romain, ou à toute autre personne, nous ne voulons pas qu'aucun de ces actes ait son effet, et nous ordonnons que ces biens arrachés aux antiques possesseurs leur soient rendus. »

ART. 3. « La perte des titres, contrats et obligations, soit durant la tyrannie, soit tandis que les propriétaires étaient réfugiés en pays étrangers, ne pourra leur être opposée ni leur nuire en aucune manière, et elle ne portera nul préjudice à leurs droits ni à ceux des créanciers au profit desquels ces obligations et ces actes auraient été passés. »

ART. 5. « Jugeant que sous le tyran, la terreur qu'inspiraient Totilas et ses agens, a pu forcer à des actes, à des engagemens que la justice de notre règne veut que nous annulions, nous permettons aux propriétaires légitimes dépossédés par la fraude, l'injustice et la violence, de se présenter devant nos tribunaux et d'y réclamer leurs biens par toutes les voies de droit. »

ART. 6. « Puisque par la miséricorde divine notre

autorité a été pleinement rétablie, nous ne voulons pas que la prescription établie par les anciennes lois ait lieu pour le temps qu'a duré la tyrannie, ni pour celui des guerres que l'usurpation a causées.

Art. 8. « Nous conservons aux Romains les biens, meubles et immeubles qu'ils ont possédés lors du règne de Théodoric et jusqu'à l'usurpation de l'abominable Totilas; nous voulons que ces biens leur soient rendus sans difficulté, pour les posséder et en jouir à l'avenir et de la même manière qu'ils en avaient joui par le passé et dans lesdits temps. »

« Voulant que tous nos sujets se ressentent de l'heureux rétablissement de notre autorité, nous ordonnons qu'ils rentrent dans les propriétés et les biens qui leur auraient été ravis, et qu'ils participent à la félicité de notre règne. »

Art. 14. « Que tous nos sujets partagent notre bonheur et se ressentent de la justice et de la félicité de notre règne; c'est pourquoi nous voulons et nous ordonnons que les propriétés légitimes soient rendues à ceux qui en ont été dépouillés et qui les réclameront. »

« Justinien ratifia les actes de Théodoric; mais il annula et cassa tous ceux que la force avait arrachés ou que la terrreur avait fait souscrire sous l'usurpation de Totilas. »   Gibbon.

« Par la 36e et par la 37e novelles, l'empereur Justinien accorde aux héritiers et aux parens de ceux qui avaient été dépouillés par les Vandales, à leurs proches en lignes directe et collatérale, jusqu'au troisième degré inclusivement, la faculté de réclamer les propriétés qui avaient appartenu à leurs ancêtres.

« Lorsque la révolte et l'usurpation des Ariens eu-

rent été réprimées, l'empereur Justinien, par sa 56° no-
velle ordonna que les biens des églises dont ces rebelles
s'étaient emparés, leur seraient rendus; et par l'article
17 de la sanction pragmatique, les empereurs Justinien
et Tibère voulurent que ceux qui auraient épousé des
religieuses, ne pussent les retenir pour leurs épouses.
Ces princes ordonnèrent que les dots de ces femmes
fussent rendues à leurs couvens ou données aux églises,
ou bien enfin qu'elles fussent employées à de pieux
usages. Cette loi annulait ces mariages sacrilèges.

« Honorius, quoiqu'il laissât l'Espagne aux Vandales,
ne voulut cependant pas que, tandis que ces peuples
la possédaient, la prescription de trente ans courût au
préjudice des propriétaires de chaque terre qui leur
avait été prise. »

Procope (*Histoire de la guerre des Vandales.* Liv. 1, c. 3.)

« Jugeant que la justice et l'humanité exigeaient que la
miséricorde publique, adoucît par tous les moyens pos-
sibles les calamités qu'éprouvaient les Africains et dont
les Vandales les accablaient pendant leur usurpation;
la compatissante équité des empereurs Théodose et
Valentinien les porta à venir aux secours de ceux de ce
pays qui avaient été contraints de le quitter pour fuir
la persécution et échapper aux supplices terribles auxquels ils se trouvaient exposés, et que les malheurs des
temps, la misère à laquelle leurs spoliateurs les avaient
réduits, avaient forcés de recourir à des emprunts pour
soutenir leur triste existence. Ces infortunés, tout privés
qu'ils étaient de leurs biens, se voyaient cependant
poursuivis par leurs impitoyables créanciers pour en
être payés. Tant de cruauté de la part de ceux-ci ag-
gravait encore les peines et la misère qui faisaient gémir

les autres. Cette protection était de justice étroite et reconnue surtout quand les lois l'accordaient aux débiteurs, qui, sans avoir perdu toute leur fortune avaient cependant éprouvé des malheurs; il était constant que c'eût été surpasser même la cruauté de leurs ennemis que d'exiger de ces infortunés, dépouillés, ruinés, et qui avaient été contraints de quitter leur patrie, le paiement des sommes qui leur avaient été prêtées, et qu'il fallait donc réprimer par une loi les poursuites rigoureuses qu'on exerçait contre eux. Pouvait-on en effet poursuivre sans pitié ceux qu'il eût été honteux de ne pas secourir? ne doit-on pas sentir que ce serait une extrême dureté, si ces hommes si malheureux, privés de tout, manquant d'un pain qu'ils ne reçoivent que précairement, étaient contraints à rendre ce qu'une force majeure et la violence d'un fléau imprévu leur a enlevé. Il fut expressément défendu d'inquiéter ou de poursuivre ces débiteurs pour le recouvrement des dettes contractées par eux.

« Cette défense cependant ne s'étendait qu'aux débiteurs qui avaient perdu leur patrimoine, et ceux qui avaient de la fortune ne pouvaient pas réclamer ce privilège; il n'était accordé qu'aux indigens, et même il devait cesser pour ceux de ces derniers qui recouvreraient leurs domaines. Les empereurs jugèrent encore que, dans ce cas, il était juste que les créanciers ne pussent pas exiger l'intérêt des sommes empruntées dans des circonstances aussi désastreuses, et qu'ils devaient se contenter de recevoir le principal de leurs créances. Une amende de dix livres d'or fut prononcée contre ceux qui contreviendraient à l'édit que, touchés des malheurs de leurs sujets, ces illustres empereurs rendaient en leur faveur. » *Leges novellæ Theodosii.* (Liv. 1, t. 22).

« Ce fut de même par ces généreux sentimens de justice et d'humanité, que ces empereurs, pressés par l'amour qu'ils portaient à leurs sujets, afin de réparer en quelque sorte les infortunes des Africains, et pour leur donner les moyens de subsister, voulurent adoucir la rigueur des règlemens qui les repoussaient de certaines professions, leur accordèrent des honneurs auxquels auparavant ils ne pouvaient pas prétendre, et les admirent à des places, à des emplois dont l'entrée jusques alors leur avait été interdite. »

La même (Liv. 2, t. 17).

« Les lois ne permettent pas que ceux qui possèdent, sans avoir un juste titre antérieur, conservent leur propriété, la prescription même cesse... et dans ce cas le propriétaire rentré dans sa patrie n'a pas besoin de se pourvoir en demande en récision ; il doit être remis immédiatement, sans délai, en possession. »

Code de JUSTINIEN (Liv. 3, t. 32).

« Après qu'il vous a été permis de rentrer dans votre patrie et que vous avez intenté une action pour être réintégré dans vos biens, ne craignez pas que votre partie adverse vous oppose la longue possession ; ce n'est point un titre valable contre ceux qui demandent à être rétablis dans leurs propriétés, et qui à cet égard invoquent le secours de la loi » *Le même,* (Chap. 6).

« Seront réintégrés dans la possession dont ils auraient été privés, ceux qui par crainte ou pour le service de l'État, auraient été contraints de s'absenter. »

Édit perpétuel. (Liv. 4, t. 6).

« Les lois faites par l'usurpateur Nicéphore contre l'église et les propriétés de l'église, ont été pour l'empire que nous avons reçu de Dieu, la source de tous les maux qui nous affligent, la cause du bouleversement et de la confusion générale. Elles offensent non-seulement les églises et les établissemens religieux, mais Dieu lui-même ; et ces spoliateurs ont attiré sur nous et sur nos Etats toutes sortes de calamités : c'est pourquoi, de ce jour, nous annulons toutes ces lois et nous voulons, qu'à jamais, elles soient sans effet. Nous remettons dans toute leur force et pleine vigueur les anciennes ordonnances concernant les églises et les monastères. » Bazile Porphirogénète.

CHAPITRE III.

FRANCE.

Le droit commun de la France, dès les premiers temps de cette admirable monarchie, fut constamment pareil au droit public adopté dans tous les siècles et par tous les Etats. Nous trouvons que dans ce royaume, par une règle antique, ces restitutions de biens usurpés et ravis par la violence, sont établis sans variation. Le traité d'alliance réciproque conclu entre les rois Gontran et Childebert, à Andelot, l'an de N. S. J.-C. 587, porte :

« Si durant les interrègnes (les troubles qui avaient divisé la France) on a enlevé à quelqu'un quoi que ce puisse être, sans qu'il y ait eu de sa faute, il aura le droit de faire sa réclamation en justice, et la restitution en sera faite.

« Chacun jouira paisiblement et en toute sûreté de ce qu'il a possédé et tenu de la magnificence des rois précédens, jusqu'au temps de la mort du seigneur roi Clotaire , de glorieuse mémoire.

« Ce qui aura été enlevé aux personnes fidèles leur sera restitué dès à présent.

« Le présent traité et accord a été fait le 4ᵉ jour des calendes de décembre , de la 26ᵉ année du règne du seigneur Gontran , et de la 12ᵉ du règne de Childebert. »

Édit de CLOTAIRE II, article 17.

« Ce qu'un de nos fidèles et de nos leudes, qui aura gardé la foi à son seigneur légitime, se trouvera avoir perdu pendant l'interrègne (ou pendant les troubles), lui sera restitué en totalité. Nous ordonnons qu'on le remette en possession de tout ce qui lui est légitimement dû , de manière qu'il n'en souffre aucun dommage.

« Donné le 15ᵉ jour des Calendes de novembre, dans la 31ᵉ année de notre règne, à Paris. »

La profonde sagesse de Henri-le-Grand égalait l'excellence de son cœur. Arrivé au trône dans des circonstances difficiles, après des évènemens terribles, la prudence força souvent le roi (qui, pour me servir des expressions de M. Anquetil, avait une disposition naturelle à l'indulgence), de faire taire sa clémence et de déployer, pour le salut de l'État, une sévérité qui répugnait à son caractère.

« Si les ministres eussent voulu l'en croire, il aurait souffert dans Paris tous les séditieux... Il se flattait d'étouffer leur haine à force de bienfaits ; et sa bonté gémit, lorsqu'il fallut signer les ordres pour éloigner les plus mutins. » Esprit de la ligue, L. 8.

« Ces exilés même se ressentirent de sa bienfaisance, puisqu'il n'y en avait pas un seul qui ne méritât d'être puni beaucoup plus sévèrement. » Le même.

« Pour punir le duc d'Aumale de son obstination dans la révolte, le roi permit que le parlement confisquât ses biens, le déclarât criminel de lèse-majesté, et le condamnât à être écartelé ; la sentence fut exécutée en effigie. » *Esprit de la ligue*, L. 8.

« En exécution des ordres du roi, on retira des registres tout ce que le malheur des temps y avait introduit de contraire aux lois du royaume. » *Le même.*

« Déclaration par laquelle le roi promettait d'oublier le passé... Confirmait tous les privilèges et donnait une amnistie générale... En l'enregistrant, le parlement de Tours excepta les complices de Jacques Clément et ceux de Barrière, an 1594. » *Le même.*

« Les magistrats fidèles revinrent dans la capitale, ayant Achille de Harlay à leur tête ; les autres furent rétablis à condition que les premiers auraient le pas sur eux. On ne vit alors dans le parlement qu'un même esprit de patriotisme. Il cassa tous les arrêts, décrets et sermens faits depuis 1588, *qui se trouveraient préjudiciables à l'autorité du roi et aux lois du royaume, comme ayant été extorqués par la force.* Il annula tous les actes de la dernière assemblée de Paris, sous le nom d'États-Généraux ; *Arrêt du parlement de Paris de l'an 1594.* »

Élémens de l'Histoire de France, par l'abbé Millot.

Un édit donné le 27 décembre 1593, prescrivit à tous ceux de *l'union* de se départir de toutes *ligues* et associations, et de se réunir *dans un mois* sous l'obéissance de S. M., qui les recevrait avec *oubliance* perpétuelle de ce qui s'était passé, et à faute de ce faire, il mandait aux Cours de parlement et à tous les officiers de justice de procéder contre ceux qui se rendraient opiniâtres et indignes de cette présente grace, comme criminels de lèse-majesté au premier chef... Le parlement séant à Tours y ajouta que ceux qui avaient *trempé dans le parricide* du feu roi, et ceux qui avaient été convaincus d'avoir eu part au dessein de tuer le prince régnant, ne seraient point compris dans *l'amnistie* accordée par cet édit... Le parlement séant à Paris, outre les exceptions ajoutées par le parlement séant à Tours, excepta du pardon tous ceux qui avaient exercé des brigandages et commis des désordres (hors combats réglés), et déclara qu'ils seraient poursuivis en justice. Quant à ceux qui s'étaient enrichis pendant les troubles, on crut qu'il serait d'un mauvais exemple de les laisser jouir du fruit de leurs rapines. Les financiers *de la ligue* furent condamnés à restituer de grosses sommes. Parmi d'autres exemples de justice, le *ligueur* qui étant gouverneur du Louvre en avait vendu les meubles et en avait dissipé le prix, invoqua en vain l'amnistie, le parlement lui fit son procès. Du THOU, Liv. 109.

« Jean Séguier, lieutenant-civil, qui pendant le temps de la guerre avait exercé sa charge à Mantes et ensuite à Saint-Denis, était entré dans la ville avec le roi. Le premier de ses soins fut de faire venir chez lui tous les libraires et imprimeurs de Paris, pour leur ordonner de supprimer tous les livres séditieux et injurieux publiés contre le feu roi et contre le roi régnant qu'ils auraient en leur possession. Il leur défendit de publier à l'avenir de semblables écrits sous peine de la vie et de la confiscation des biens, tant contre les libraires qui garderaient chez eux de pareils livres, que contre ceux qui en colporteraient ou publieraient d'autres semblables. DE THOU, Liv. 109.

Le duc de Sully dit dans ses mémoires, que cette menace eut son exécution sur l'auteur de quelques nouveaux libelles contre la personne du roi.

« Par un édit rendu à Rouen, Henri IV cassa toutes les sentences, jugemens, arrêts rendus pendant les troubles et les guerres civiles, et contraires aux anciennes lois du royaume. Entendant cependant laisser subsister ceux rendus entre gens de même parti. »

L'édit de Poitiers et les articles du traité de Bergerac, articles 33 et 56 ordonnent et disent : *ceux de la religion paieront les dîmes, rendront les biens de l'Église*, etc.

Année 1577.

« Dans les articles secrets (du traité de Bergerac), il y eut un règlement fixe et clair sur les mariages contractés, au mépris de leurs vœux, par les prêtres, religieux et religieuses ; le roi ordonna qu'ils ne fussent ni molestés, ni recherchés, mais qu'ils ne pussent réclamer aucune succession, ni directe, ni collatérale, et que leurs enfans ne succédassent qu'aux meubles et aux acquêts immeubles de leurs père et mère.

Esprit de la ligue, Liv. 5.

Il y est dit que les prêtres ou moines qui s'étaient mariés, ne pourraient être inquiétés dans la suite pour ce sujet, et que leurs enfans seraient regardés comme légitimes ; cependant, on trouve à la bibliothèque du Roi un grand nombre de légitimations de ce temps-là, ce qui prouve que l'on croyait en avoir besoin malgré l'édit. » *Abrégé chronologique du président* HÉNAULT.

« L'édit de Nantes ordonna la restitution des églises, celle de leurs biens dont les Huguenots s'étaient emparés, et voulut que, conformément aux articles de Bergerac, ceux de la religion payassent les dîmes. »

Abrégé chronologique du président Hénault.

« Quant à la ligue, il n'en fut plus question que pour la détester..... Les principaux ligueurs de Paris, dont les excès ne méritaient pas de grace, se réfugièrent les uns à Rome, les autres à Bruxelles, où ils vécurent sans considération dans des conditions viles et méprisées. Il est à remarquer que, contre l'ordinaire de ces crises d'État, celle de la ligue n'enrichit et n'illustra personne. On ne trouvera aucune famille qui doive son éclat et son opulence à nos guerres de religion ; plusieurs au contraire datent leur décadence de cette époque, parce que les ancêtres, reconnus remuans et brouillons, quoique bons catholiques, ont été insensiblement éloi-loignés des places et forcés de se retirer dans les campagnes, où leurs descendans oubliés ont long-temps porté la peine du fanatisme de leurs pères. »

Esprit de la Ligue, liv. 8.

« Edit du roi pour la réunion du Béarn à la couronne, pour la restitution des églises et celle des biens ecclésiastiques que les Huguenots possédaient depuis près de soixante ans, les religionnaires s'étaient opposés à ce projet. »*Année* 1620.

ANGLETERRE.

« Bwlch Uadrws, dans la principauté de Galles, est remarquable pour être l'une des trois places où, vers 1420, six ans après les guerres de Glendwr, s'assemblèrent tous les gens considérables de certains districts, et qui y prirent entre eux l'engagement solennel d'user de toute leur importance pour faire observer une stricte, une sévère justice, et sans recourir à d'autre autorité que la leur, de leur propre mouvement, par leur pouvoir personnel, redresser tous les torts qui avant, pendant et après les guerres pouvaient avoir été faits ; de faire rendre à chacun, sans forme de procès, les effets, les terres ou les diverses propriétés qui leur avaient été ravies par la violence, ils ordonnèrent que si, après que cette loi eût été publiée, quelques-uns de ces objets étaient retenus, ils seraient considérés comme volés, et que si le détenteur les avait vendus, il serait condamné à payer dix livres sterling, qu'en outre les objets ou leur valeur seraient rendus au propriétaire dépouillé ; que si le détenteur, avant d'avoir satisfait à cette loi, venait à être tué, pendu, ou bien mourir de mort naturelle, ses héritiers, ses légataires ou ayans-cause pourraient être poursuivis en restitution. » Pennants Wales.

« Lorsque, à Eveshem, la victoire remportée sur les rebelles sujets eût replacé le sceptre dans les mains de Henri III, ce prince convoqua (8 septembre 1265) un parlement à Winchester, et cette assemblée annula tous les actes que durant sa captivité le roi avait faits, tous les privilèges qu'il avait concédés, elle ordonna aussi que toutes les terres et propriétés des partisans et des complices du comte de Leicester, des chefs de cette révolte, seraient confisquées. Cependant l'humanité bien connue, la bonté de cœur de Henri l'engagèrent à adoucir la rigueur de la loi portée contre les coupables ; et tout en satisfaisant les droits, sans nuire aux intérêts de ceux qui avaient profité des confiscations. Dans ce but une commission composée de prélats et de barons fut établie, et cette grave matière fut soumise à leur décision et leur sentence arbitrale, confirmée par le roi en parlement (31 octobre 1267). Cet acte fut nommé le dictum de Kenilworth. Outre diverses autres résolutions qui furent prises dans ce comité, on y fixa les cathégories des coupables. On détermina les peines à infliger à ceux qui avaient osé tirer l'épée contre leur souverain, ou qui avaient accepté et exercé des emplois sous l'usurpateur Leicester. On laissa à tous ceux dont les biens avaient été confisqués, l'option de rentrer dans leurs propriétés, de racheter leurs terres, sous la condition de payer aux détenteurs actuels une certaine somme d'argent montant à sept ans du revenu de ces biens pour les coupables de la première cathégorie, de cinq pour ceux de la seconde, et de deux ans pour ceux de la troisième classe. »

LINGARD (*Histoire d'Angleterre*).

« A son arrivée à Cantorbery, trois heures à peine après que Sa Majesté fut débarquée, le roi éprouva un évènement qui lui fit une peine extrême et qui lui causa beaucoup d'embarras sur la conduite à tenir et le parti à prendre dans cette conjoncture difficile. Le général Monk entra dans la chambre de ce prince, puis aussitôt, sans préambule et sans cérémonie, il lui dit que le plus grand service qu'il pût rendre à Sa Majesté était de lui recommander les personnes les plus agréables au peuple, et qui, par leurs talens, par leur crédit étaient les plus capables de servir utilement le roi; en même temps Monk lui remit un papier que ce prince, avec une agitation extrême et visible, prit et qu'il mit dans sa poche sans le lire... Ce papier contenait une liste de soixante personnes au moins, désignées comme les plus propres à former le conseil privé, et dans ce nombre deux seulement avaient servi le roi et pouvaient être dévoués à son service. C'étaient le marquis de Herefort et le comte de Southampton. La réputation de

ces deux seigneurs, leur influence, l'estime particulière que le roi faisait de ces personnes étaient telles
qu'ils n'avaient pas besoin d'une pareille recommanda-
tion. Le reste de ces futurs conseillers étaient des gens
qui, après avoir servi le roi, l'avaient abandonné pour
s'attacher au parlement, ou qui, dès les premiers jours
de la révolte, s'étaient montrés les cruels ennemis de
leur prince, et qui lui avaient fait beaucoup de mal.
On voyait aussi figurer dans cette liste des hommes les
plus considérables du parti presbytérien et ceux qui
étaient les plus fameux dans les autres factions. Enfin
on y voyait même figurer des gens qui, par la bassesse
de leur condition, par leur peu de talent, faisaient que
chacun s'en étonnait, et que l'on ne pouvait concevoir
quelle raison avait pu les faire proposer, à moins que,
par cet étrange et singulier mélange, on n'eût eu le dessein de s'opposer au bien qui devait résulter pour
l'État, des mesures sages, des résolutions fermes et
utiles auxquelles la réunion et l'unanimité des gens de
bien eussent concouru.

« La lecture de cette pièce indiscrète jeta le roi dans
une grande-perplexité, il ne savait encore que penser
de Monk, et Charles ne sentait que trop qu'il était livré
au pouvoir de ce général; cependant, avec autant de
noblesse que de courage, ce prince s'indigna, et il ne
voulut point en remontant sur son trône se laisser
asservir ainsi, ni se soumettre à des conditions qui
ne lui présageaient à l'avenir que des entraves et des
chaînes.

« Le roi chargea donc le chancelier de faire savoir
au général que ce papier avait extrêmement étonné
S. M... qu'elle ne pouvait accorder sa confiance aux

personnes qui lui étaient indiquées, avant qu'elles ne lui fussent mieux connues, et avant de savoir si elles en étaient dignes... que si le roi admettait dans son conseil privé quelques-uns de ceux dont les noms étaient portés sur cette liste, on reprocherait à S. M. d'avoir fait un choix peu convenable, ce qui donnerait une idée désavantageuse du caractère de ce monarque... Monk fut vivement peiné de ces justes observations, il se hâta de s'excuser près du roi. »

Continuation de CLARENDON (2ᵉ vol. pag. 9 et suiv).

« Le roi connaissait la mauvaise composition de l'armée, ses murmures, ses vices; il savait à combien de maladies et de convulsions sa loyauté naissante était sujette; il n'ignorait pas que, malgré cette apparence d'union dans leur zèle et dans leurs loyales acclamations à Blackheath, les sentimens qui s'y professaient n'étaient pas unanimes. En effet, la contenance et l'air de beaucoup d'officiers et de leurs soldats manifestaient clairement qu'ils servaient sous des drapeaux qu'ils n'aimaient pas... Les officiers du zèle et de la fidélité desquels on n'était point assuré furent cassés, leurs charges, leurs emplois furent donnés à ceux qui avaient encouru la défaveur des gouvernemens précédens... déja et aussitôt que le parlement se fut déclaré pour le roi et qu'il l'eût proclamé, il avait destitué d'autres officiers et nommé à leurs places des commandans distingués qui avaient servi S. M., ou des jeunes gens de familles nobles et loyales. Malgré tant et de si prudentes précautions, les vieux soldats avaient peu de respect pour leurs nouveaux officiers, et montraient peu d'obéissance à leurs ordres.

La physionomie sombre, l'air mécontent et refrogné

de ces soldats de la révolte annonçaient qu'il restait encore dans les troupes autant de gens mal intentionnés qu'on en avait renvoyés. » *Le même.*

« Le roi avait deux choses extrêmement à cœur, il désirait impatiemment de licencier l'armée, et de fixer ses revenus qui avaient été considérablement diminués par la vente des domaines de la couronne....

« Après le retour de Charles II, le premier soin du parlement fut d'annuler tous les marchés, contrats et ventes qui s'étaient faits des domaines de la couronne et de les rendre en entier à la reine sa mère*. » .

CLARENDON, *continuation*, (2e vol., pag. 18).

« Toutes les cours de justice du palais de West-minster furent pourvues de nouveaux juges, tous personnages graves et savans, qui pendant ces temps de malheur et de révolte avait quitté leurs siéges, ou qui au moins n'avaient jamais cessé de donner des preuves répétées de dévouement au roi; ainsi que de leur respect pour les anciennes lois. Sur-le-champ ces magistrats entrèrent en fonction, commencèrent leurs tournées respectives et administrèrent la justice selon les anciennes règles. Leurs jugemens furent reçus avec respect et exécutés avec obéissance et joie. Des nouvelles commissions de juges de paix furent aussi expédiées; on ne les accorda qu'à des sujets que leur zèle, leur

---

* Hyde-Park qui est devenu depuis et est encore la plus belle promenade de Londres, était un domaine royal. Ce parc fut vendu ainsi que les arbres et les daims qu'il contenait. Pour se procurer des acquéreurs et faciliter l'acquisition de ce vaste terrain, il fut divisé en différentes portions, morcelé par petits lots. A la restauration, cette propriété eut le sort des autres biens de la couronne, et comme eux, elle fut remise au roi. ! . CLARENDON.

inébranlable fidélité au roi, leur ferme attachement aux lois du royaume avaient exposés à plus de dangers, à qui cette noble conduite avait causé de plus grandes pertes. Quoiqu'à la vérité, il fût impossible que, parmi tant de destitutions, de nominations, il ne se glissât pas parmi les anciens et les nouveaux magistrats de cette classe quelques-uns dont la fidélité ne fût pas au moins douteuse, quoique leur conduite peu exempte de reproches ne fût pas bien connue de ceux qui furent chargés de cette épuration et de la composition de ces tribunaux. » *Le même*, (2ᵉ v., pag. 42).

« Après une guerre civile qui avait duré tant d'années et qui s'était faite avec une telle fureur et un si violent acharnement, quand un aussi grand nombre de maisons avaient été dévastées, pillées ou brûlées, lorsque les titres de propriété et d'autres papiers importans qui s'y trouvaient déposés, avait péri dans le pillage, par les incendies, ou d'une manière quelconque s'étaient trouvés perdus ; lorsque plusieurs personnes, qui, dans leurs mesures pour conserver des actes de cette nature, n'avaient pas pris assez de précautions, les avaient cachés en terre avec si peu de soin que, quand on les en retira, ces pièces étaient si pourries, l'écriture en était tellement effacée, qu'elles ne pouvaient pas être produites en justice, y être invoquées ni y faire autorité. »   *Le même.*

« Beaucoup de gentilshommes qui avaient servi dans les armées royales, et qui, à cause de leur fidélité avaient encouru les peines portées contre eux par le parlement, avaient fait des marchés confidentiels, des ventes simulées et revêtues de toutes les formes qu'exigeaient les lois pour les rendre valables, et à dessein d'empêcher que ceux qui auraient intérêt à découvrir la vérité ne pussent parvenir à prouver que ces ventes n'étaient en effet que des fidéi-commis, et ces marchés des dépôts, de sorte qu'il leur était impossible de réclamer des propriétés ainsi aliénées.

« D'autres, pour payer les taxes et les amendes auxquelles leur loyale conduite les avait exposés, s'étaient vus contraints de vendre leurs biens et avaient été dans la nécessité de les donner à vil prix : car c'était encore un autre genre d'oppression dans ces temps funestes, lorsqu'un homme puissant avait des vues sur les terres d'une personne obligée de se racheter des condamnations portées contre elle, et de payer une composition, nul autre acquéreur n'osait se présenter, et il était sûr d'obtenir cette propriété aux conditions qu'il lui plaisait d'imposer, quelque dures qu'elles fussent ; mais enfin lorsque cette monstrueuse puissance se fut évanouie, ceux qui avaient fait ces marchés désavantageux, consenti ces ventes ruineuses, réclamèrent contre, et quoiqu'elles fussent munies de toutes les formalités qui devaient les rendre valides et inattaquables, et surtout si l'acquéreur était un homme mal famé, ces gentilshommes se présentèrent avec confiance au parlement et ils de mandèrent que ces biens leurs fussent remis.

« Enfin, quiconque avait fait ce qu'il était manifeste qu'il n'eût pas fait, ce que la saine raison ne lui eût pas permis de faire, s'il eût été maître de ses actions et de sa volonté, fut assuré de trouver un appui dans le parlement. Ces considérations furent trouvées d'un si grand poids qu'elles engagèrent ce corps à venir au secours des réclamans, et par l'équité sans bornes qu'il est en sa toute puissance d'exercer, il interposa la suprême autorité dont il est revêtu, et sans avoir égard aux formes légales quelles qu'elles fussent, qui avaient accompagné ces transactions, les ventes et les marchés furent déclarés nuls et cassés.

« Sur le rapport du comité de la chambre des pairs, considérant que les propriétés immobilières et mobilières de sir Jacques Bince, chevalier baronet, ont été aliénées et vendues sans qu'il ait été cité, appelé, entendu, convaincu et sans formes de procès; ce qui est contraire aux lois fondamentales de l'Etat ; les pairs assemblés en parlement ont ordonné que les susdites dispositions, aliénations, et ventes. soient et restent à l'avènir déclarées nulles et sans effet , et que ledit sir Jacques Bince soit remis en possession de ses propriétés immobilères et mobilières, ordonne encore qu'on lui paiera tous les arrérages des fermages, les profits et avantages auxquels il avait droit, qui lui ont été injustement retenus; que tous les effets, toutes les sommes d'argent à lui appartenant restant ès mains de séquestres ou trésoriers de comités, lui seront également rendus, ainsi que tous les arbres et les bois abattus ou restant debout sur ses terres. »

Journal de la chambre des Pairs, 19 de juillet 1660.

« Acte pour rétablir Thomas, comte d'Arundel, de Surrey et de Norfolk dans la dignité et le titre de duc de Norfolk. »

« Acte pour remettre Henry lord Arundel de Warden en possession de ses terres et biens. »

« Acte pour rendre à Wentworth de Boscomon, dans le royaume d'Irlande, tous les honneurs, titres, châteaux, seigneuries, terres, teneures et héritages en Irlande, et desquels Jacques de Rocosmon son père était en possession le 23 octobre 1641. » *Journal de la chambre des Pairs, année 1660. 23 décembre.*

« Lorsque la sanction royale fut donnée à ces actes des chambres, le roi, dans le discours qu'il prononça à cette occasion solennelle, dit : *Il n'est que trop vrai que les malheurs des temps qui viennent de s'écouler ont réduit grand nombre de personnes à de cruelles extrémités, et que, pour éviter les graves dangers et les désagrémens auxquels elles se trouvaient exposées, elles ont été dans la nécessité de faire des ventes feintes contre lesquelles aujourd'hui il ne leur est pas possible de réclamer devant la justice ordinaire ; il n'est aussi que trop vrai que, par des fraudes inconnues jusqu'à ces déplorables jours, fraudes plus grandes et plus criminelles que celles qui se pratiquèrent jamais, des hommes ont extorqué diverses propriétés. Considérant donc que ces conjonctures extraordinaires exigent de semblables remèdes, ces motifs m'ont engagé à les approuver, à leur donner ma sanction et à ordonner qu'ils passent** »

« Personne ne trouva étrange que le roi accordât une amnistie générale à ceux qui s'étaient révoltés contre lui, qu'il leur fît grace de la vie et remise des biens qu'ils avaient, par ce crime, mérité de perdre ; mais il parut injuste et déplacé qu'on ne forçât pas les rebelles de rendre aux royalistes ruinés par eux, ce qu'ils leur avaient pris, et qu'on leur pardonnât les torts, les exactions, les violences qu'ils avaient exercées contre les fidèles sujets de Sa Majesté. Ceux-ci

---

* Ces décisions du parlement d'Angleterre étaient conformes à *la raison écrite*, aux principes du droit romain, et notamment aux articles 3 et 5 de la sanction pragmatique et du T. 20 L. 2 du Code de Justinien.

souffraient impatiemment de voir des gens par lesquels ils avaient été vexés et opprimés, qui avaient pillé leurs habitations, qui en avaient enlevé les meubles et les effets les plus précieux pour en parer leurs propres maisons; qui enfin du plus bas état et de la plus grande misère n'en étaient sortis que par des crimes, s'étaient élevés aux plus hauts rangs, et qui avaient amassé de grandes richesses, au moyen desquelles ces hommes étaient bien en état de réparer les pertes et les dommages qu'ils avaient fait éprouver aux autres. »

Le même (2e vol., pag. 180).

« Il se forma un comité d'officiers réformés dont les uns, depuis les premiers jusques aux derniers jours de la révolte, avaient servi le roi avec courage, zèle et fidélité ; les autres avaient passé la mer pour son service, ou bien, restés en Angleterre, y avaient été exposés aux avanies, aux mauvais traitemens, et avaient souffert patiemment la tyrannie de leurs insolens oppresseurs, ou enfin par des traités avaient mis bas les armes qu'ils ne pouvaient plus porter pour le service de leur souverain, à qui, en conséquence, il avait été permis de rester dans leurs maisons ou de se retirer dans les asiles qu'ils avaient pu se procurer dans le royaume. C'était pour ces infortunés, pour ces braves gens, ces hommes loyaux, un vif sujet de douleur de voir ceux qui n'avaient jamais cessé de servir contre le père de Sa Majesté et contre le roi lui-même recevoir exactement leur paie, être comblés de récompenses et de bienfaits par les ordres et les soins de ce prince, tandis que de fidèles serviteurs qui avaient constamment combattu pour l'un et pour l'autre, étaient abandonnés, oubliés, laissés dans la misère, livrés à tous les genres de détresse lorsque le roi était rentré dans ses palais, avait recouvré sa gloire, sa puissance et ses États. » CLARENDON (2ᵉ vol., pag. 121).

« Ces officiers, par l'organe de leur comité, supplièrent le roi de leur accorder, pour y résider, des maisons appartenant à la couronne et situées dans des villes municipales, dans des places importantes. D'anciennes ordonnances auxquelles le temps avait donné force de loi désignaient à quelles sortes de personnes ces maisons seraient données, et elles devaient être habitées par des hommes dont la fidélité et la bonne conduite importaient à l'État. Ces réclamations furent gracieusement accueillies par le roi. Sa Majesté accorda à ces *émigrés*, à ces officiers fidèles qui l'avaient suivie au delà de la mer, et qui n'étaient rentrés en Angleterre qu'avec le souverain pour lequel ils en étaient sortis, les maisons que ces officiers réformés demandaient. La répartition en fut réglée, et elles furent assignées suivant le rang des personnes et leurs grades dans l'armée. Les commissaires du gouvernement, chargés de l'exécution de cette mesure, consentirent sans peine à cet acte de justice, ils saisirent avec joie l'occasion qu'il leur présentait de se rendre agréables à des hommes que, tant que cela fut en leur pouvoir, ils n'avaient cessé de persécuter de toutes les manières, croyant par là montrer qu'ils étaient dévoués à la cause royale. » *Le même.*

« Chacun s'indignait que le marquis d'Ormond n'eût pas encore été remis en possession des biens qui ne lui avaient été ravis qu'à cause de son attachement à la monarchie, aussi d'un commun accord le parlement passa un acte qui rendit à ce seigneur toutes ses terres.

On n'avait non plus aucun prétexte pour que pareille justice ne fût pas rendue à lord Inchiquin, ainsi qu'à d'autres personnes qui se trouvaient dans le même cas que ces deux seigneurs, et auxquelles on ne pouvait reprocher que leur loyauté ; aussi furent-elles toutes remises en possession de leurs propriétés. On ne murmura point de cet acte de justice étroite ; et les mêmes, quelque sentimens opposés qu'ils eussent, quelque différens que fussent leurs intérêts, pensèrent ou feignirent de penser que la conscience, que l'honneur, que la justice du roi leur commandaient de redresser les torts qui avaient été faits à ceux qui avaient si fidèlement servi Sa Majesté. »   CLARENDON (2ᵉ pag. 197).

« Les commissaires irlandais nommés par les *aventuriers* *, pour défendre leurs prétentions, consentirent de bonne grace à ce que les loyaux sujets fussent remis en possession des propriétés dont ils avaient été privés. Ils adressèrent même, avec une grande soumission et un profond respect, un mémoire à S. M., dans lequel ils déclaraient que, si quelques personnes, par leur fidélité ou par leurs services, ou en suivant le roi au delà de la mer, avaient eu le bonheur de lui être agréables, et s'étaient montrées dignes de la faveur royale, ils désiraient que des sujets si méritans fussent rétablis dans leurs titres, dignités et fortunes, de la manière que S. M. le jugerait convenable, et malgré les contestations qui pourraient s'élever à ce sujet et les oppositions qui seraient faites. En conséquence de cette résolution, divers actes du parlement furent passés, en vertu desquels plusieurs catholiques dont la fidélité avait été

---

* On appelait ainsi les Anglais, à qui Cromwell avait donné ou vendu à vil prix les terres des royalistes irlandais.

inébranlable, qui avaient constamment manifesté leur dévouement au prince, ou qui avaient souffert pour S. M. et avec elle, rentrèrent en possession de tous leurs biens. » CLARENDON.

« Les commissaires nommés par le roi pour terminer ces différens et faire droit sur les réclamations des Irlandais dépouillés, éprouvèrent beaucoup de difficultés; car tant d'intérêts se trouvaient froissés. Mais ils se hâtèrent de prononcer leurs jugemens, et par les sentences qu'ils rendirent, plusieurs centaines de milliers d'acres de terre furent adjugés à des Irlandais, à qui l'on ne croyait pas qu'ils pussent jamais être restitués et dont les Anglais étaient depuis long-temps en possession. » *Le même.*

« Le parlement aussi vint au secours des *pauvres cavaliers ;* soixante mille livres sterling leur furent données. Le roi fit de même de magnifiques cadeaux aux Renderell, à milady Lane : des pensions considérables furent accordées à cette dame ainsi qu'à d'autres membres de cette respectable famille *. »

(*Histoire de Hume*, chap. 73.)

---

* Il est trop à regretter que cette justice n'ait été que partielle, qu'elle ne se soit pas étendue à tous les royalistes de ce malheureux et beau royaume. Que de maux elle aurait empêchés, que de troubles n'auraient pas eu, n'auraient pas encore lieu! et qui peut en prévoir le terme si désirable? Onze millions d'acres de terre, faisant la superficie presque entière de l'Irlande, ont été enlevés par différens spoliateurs, aux propriétaires légitimes, et restent encore aujourd'hui confisqués au profit des descendans des soldats de Cromwell et de ceux d'autres usurpateurs. A la restauration des Stuarts, cette famille a si peu songé à rendre justice aux pauvres royalistes irlandais, qu'on a vu quatre-vingt mille acres de terre confisqués sur ceux qui avaient porté les armes pour la cause

On peut avec raison appliquer à Jacques II, ce qu'un écrivain estimable et judicieux a dit de Galba. « A la « vérité il rappela les exilés du règne précédent ; mais « l'avarice l'empêcha d'achever son ouvrage ; il oublia « la restitution des biens confisqués au profit de l'em- « pereur, et au lieu de réparer le crime de Néron, il « s'en rendit le complice. »

« En remontant sur le trône de ses aïeux, Charles, au moins en Angleterre et en Ecosse, ne laissa rien aux injustes détenteurs des biens confisqués sur l'Etat, sur l'Eglise, ou arrachés par les rebelles à ses défenseurs, à ses fidèles sujets. Je ne citerai qu'un seul exemple de ces restitutions des terres usurpées, et si je le rapporte ici, c'est à cause de la singularité qu'il offre.

« Le château de Caergwrle, dans le pays de Galles et la terre de ce nom, appartenaient au colonel Robinson ; c'était un royaliste ardent et très distingué. A la mort de Charles Ier il fut obligé de sortir de l'Angleterre ; lors- qu'il abandonna son château, il était en ruine et dans le plus mauvais état ; mais à son retour dans sa patrie, lors du rétablissement de la monarchie, cet officier eut la satisfaction de rentrer dans son habitation rebâtie, embellie par l'usurpateur qui s'en était emparé. Le tombeau du colonel, avec l'épitaphe suivante, se voit dans l'église de Gresford. »   Pennants Wales.

royale, devenir la possession du duc d'Yorck, qui, quelques an- nées après, est allé les perdre avec sa couronne dans cette même Irlande, dont ce prince avait si mal reconnu la loyauté et le géné- reux dévouement.

(45)

H : J :

Johannes Robinson

QUI

TRIBUNUS CAROLI MARTYRIS, FORTUNAS EJUS

(HOC EST)

ECCLESIAM, MONARCHIAMQUE SUSTINEBAT STRENUÈ

REGE CADENTE

CAROLUM EXULEM NON DESERUIT EXUL

CUM REGE REDUCE REDUX

APUD CAERGWRLE

UBI OMNIA SUA A REBELLI MANU DIREPTA RELIQUERAT

ÆDIFICIIS AB EADEM ELEGANTER CONSTRUCTIS GAVISUS EST.

« Ceux des anciens, des doyens, des chanoines et des autres ecclésiastiques, qui au retour de Charles II, se trouvèrent encore vivans, étaient très pauvres ; ils avaient souffert de nombreuses indignités, ils avaient été réduits à un tel excès de misère, que pour exister et faire subsister leurs familles, des respectables personnages avaient été contraints de descendre aux plus basses occupations, de tenir des écoles ; aussi se hâtèrent-ils de rentrer dans leurs biens, de sommer leurs fermiers de payer les fermages des terres appartenant à leurs sièges et à leurs bénéfices, et s'ils le désiraient de renouveler leurs baux, car beaucoup, durant ces longues guerres, étaient expirés. Les acquéreurs de ces domaines de l'Eglise, parmi lesquels il se trouvait des hommes diffamés et très méprisables, semblaient très rassurés et ne pensaient pas que, d'après la clémence manifestée envers toutes sortes de gens, on pût croire qu'il y eût quelque justice à leur faire perdre toutes les sommes que, sur la foi et sous la garantie du gouvernement auquel tout ce royaume s'était soumis et qu'il avait reconnu, ils avaient payées pour l'acquisition de ces biens. Malgré ces raisonnemens, les acquéreurs rendirent leurs iniques possessions et les fermiers payèrent les fermages à leurs anciens maîtres. »

CLARENDON (2e, pag. 185).

« Le génie d'un grand poète, l'admiration extrême et méritée que ses compatriotes avaient pour lui, ne purent l'exempter de la restitution aussi générale que juste. « Milton... dans le pillage et la déprédation universelle « des biens de l'Eglise, avait accroché une propriété « appartenant à l'abbaye de Westminster, et valant à « peu près soixante livres sterling de revenu ; ainsi que « tous ceux qui s'étaient partagé les dépouilles du « clergé, il fut obligé de la rendre. »

Vie de MILTON, *par* JOHNSON.

« Les réclamations du clergé irlandais étaient trop justes; aucun doute, nulle opposition ne s'élevèrent contre ses droits, et le roi fit choix de graves personnages, de savans théologiens qu'il nomma aux évêchés en Irlande. Sa Majesté donna les autres bénéfices de ce royaume à de respectables et dignes ecclésiastiques qui entrèrent aussitôt en possession des terres et des revenus appartenant à leurs sièges et à leurs églises. »

CLARENDON (2° pag. 199).

« Cromwel avait bouleversé tout l'antique gouvernement de l'Ecosse, anéanti les anciennes lois de ce pays, ainsi que leurs formes, pour lui imposer les nouvelles lois et les ordonnances que la république avait établies en Angleterre, de sorte qu'à peine pouvait-on reconnaître quelques traces qui eussent fait retrouver les anciennes institutions de ce pays. Le pouvoir de la noblesse avait été tellement anéanti que les seigneurs écossais n'obtenaient plus du peuple d'autres marques de respect et de considération que celles que leur valaient les places qu'ils tenaient de Cromwell, ni de crédit que celui que la confiance de l'usurpateur leur procurait. Toutes les causes criminelles étaient jugées, les coupables punis suivant les lois anglaises et par des juges envoyés d'Angleterre. Les Ecossais s'étaient soumis à ce changement avec résignation et sans résistance. Cette prodigieuse métamorphose s'était opérée avec autant de tranquillité que si cet ordre de choses eût duré sans interruption depuis le règne du roi *Fergus*. On pourrait même mettre en question si les Ecossais en général, si la majorité de la nation n'auraient pas préféré de conserver cette nouvelle forme de gouvernement plutôt que de reprendre celui qu'ils avaient eu de temps immémorial, et de rentrer sous l'autorité de leurs anciens seigneurs ; mais le roi ne voulut pas bâtir sur les plans de l'usurpateur, et Sa Majesté rendit l'Ecosse à elle-même, renferma ce royaume dans ses anciennes limites, lui restitua ses lois, ses coutumes, ses privilèges et ses formes judiciaires. »

CLARENDON (pag. 92 et suiv.)

« Il eût été dangereux de laisser quelque autorité ès mains de magistrats, de maires, d'échevins et de membres des municipalités, ou d'hommes qui professaient des principes contraires à la constitution civile et religieuse du royaume. Le parlement donna donc au roi le pouvoir de les expulser, de les priver de leurs places et de nommer les nouveaux membres qui composèrent ces corporations municipales. »

HUME (Chap. 73).

« Plusieurs ordonnances avaient défendu (et même

les lettres circulaires expédiées pour les élections des membres du parlement, contenaient des avertissemens positifs à ce sujet) de ne point élire pour membres de la chambre des communes des hommes qui, durant les troubles, et au temps du feu roi, s'étaient montrés ses ennemis, et qui avaient agi contre S. M. Les fils même de ces rebelles, s'ils avaient hérité des sentimens, imité la conduite de leurs pères, furent également déclarés incapables de siéger : cependant quelques personnes comprises et désignées dans ces deux classes furent nommées dans les provinces. La chambre ne fit point de difficulté de les admettre en dépit, et peut-être aussi à cause de leurs mauvais principes manifestes, de leurs méchantes actions bien connues. Beaucoup de gens ne les en accueillirent qu'avec plus de considération. »

CLARENDON (2 vol., pag. 14).

« Il fut ordonné que l'acte portant l'établisement de la ligue solennelle appellée la *convention*, ceux portant l'obligation de s'y soumettre et d'en prendre l'engagement, ou qui proclameraient que l'Angleterre était et serait désormais une république, ainsi que celui qui créait la haute cour de justice, seraient publiquement brûlés par la main du bourreau. Le peuple assista avec de grandes démonstrations de joie à cette exécution. »

HUME.

« Quand l'acte d'amnistie ou de pardon général fut envoyé au parlement pour y être discuté et pour en fixer les conditions, cette mesure y excita de chauds débats. Quelques membres voulaient sauver des coupables auxquels ils prenaient de l'intérêt : d'autres aussi avec encore plus d'ardeur et des ressentimens plus amers et plus violens exigeaient que tous ceux qui avaient trempé dans le meurtre du roi, que tous les complices de cet abominable crime fussent confondus dans la même et terrible peine. Le roi en remettant cette affaire à la décision de son parlement, n'avait excepté du pardon aucun des coupables; mais au même temps S. M. s'était assez clairement expliquée à ce sujet. Le roi avait manifesté que sa volonté était que la vie d'aucun de ceux qui avaient eu l'audace de siéger au tribunal de sang qui avait condamné son père à la mort ne fût épargnée. Aussi ces hommes si criminels et que leur conscience effrayait* étaient tellement convaincus du sort qui les menaçait, que plusieurs d'entre eux se hâtèrent de fuir audelà des mers; les uns se tinrent cachés en attendant les occasions favorables d'en faire autant; d'autres enfin, en essayant d'échapper furent arrêtés et mis en prison. »　　　CLARENDON.

« Les communes semblaient incliner davantage vers l'indulgence que ne le faisaient les pairs, qui encore irrités et gardant un vif ressentiment de la cruelle persécution qu'ils avaient endurée, des indignes traitemens auxquels ils avaient été exposés, demandaient que, outre les juges du roi, tous ceux qui avaient figuré dans quelque haute cour de justice, fussent exceptés de la

* Cette volonté manifestée par le roi et secondée par le parlement, était à la fois dictée par la justice comme par la prudence; la loi si sage et si prévoyante qu'elle provoqua, mettait à l'abri de pareils attentats la personne et la vie des successeurs de Charles II; elle était fondée sur la maxime que les grands maîtres dans la science du gouvernement nous ont laissée : « Un si grand forfait « ne doit jamais rester impuni; certainement le prince, dans les « offenses qui lui sont personnelles, peut se montrer indulgent et « user de clémence; mais il ne peut pardonner les crimes commis « contre l'État. »　　　TACITE, *Ann.* Liv. 3, ch. 70.

4

grace de l'amnistie, et qu'ils n'en pussent réclamer le bénéfice. »   Hume.

« Le parlement fit une proclamation par laquelle il annonçait que ceux qui ne se soumettraient pas, et qui, à un jour qu'il fixait, ne se rendraient point à lui, seraient censés avoir été jugés et déclarés coupables de lèse-majesté : dès que cette ordonnance fut connue, les coupables qui pour s'évader s'étaient tenus cachés, allèrent se rendre au président de la Chambre des Communes, qui les envoya prisonniers à la tour de Londres. »   Clarendon.

« Il fut aussi résolu que tous ceux qui avaient fui ou qui ne se seraient pas rendus, de même que ceux qui avaient été ou qui pourraient être saisis, seraient déclarés coupables et que leurs biens seraient confisqués au profit du roi ; mais quant à ceux, qui, sur la foi du parlement, s'étaient rendus au président de la Chambre des Communes, ils furent condamnés à être détenus toute leur vie dans les prisons que le roi désignerait. »   Clarendon.

« Après bien des contestations entre les deux Chambres, l'acte de pardon passa. Il n'y eut que ceux qui avaient une part immédiate dans le meurtre du roi qui furent exceptés de la grace accordée par cette loi. Even, Cromwell, Ireton, Bradshaw et d'autres encore, qui comme eux étaient morts, furent déclarés criminels de lèse-majesté. Leurs biens furent confisqués. Vane et Lambert, qui cependant n'étaient pas au nombre des régicides furent comme eux exceptés du pardon général. Saint-Jean et dix-sept autres furent déclarés incapables de s'en prévaloir, s'ils venaient à l'avenir à accepter quelque emploi public. Il fut défendu à tous ceux qui avaient été membres d'une cour illégale de haute justice, d'occuper une place, ou d'exercer aucune fonction sous le gouvernement. Ce fut là que se borna toute la sévérité qui fut exercée après de si furieuses guerres civiles, après tant de bouleversemens et des convulsions si longues et si cruelles. »   Hume.

« Les deux Chambres, en leur nom et en celui de tous les sujets du roi, s'avouèrent et se reconnurent coupables de la révolte et du meurtre de Charles Ier*. Elles reçurent avec reconnaissance et avec respect, le pardon et l'amnistie que dans sa bonté S. M. daignait leur accorder. »   Hume.

« Enfin l'acte d'amnistie passa avec l'exception de 49 personnes qui avaient siégé au jugement contre leur souverain. »

« Olivier Cromwell, Bradshaw et vingt-et-un membres de cette cour qui étaient déja morts, furent déclarés assujétis à toutes les peines qu'il plairait au roi et au parlement de leur infliger, et l'on prononça en même temps la confiscation de leurs biens. Philips, Haslerig eurent ce même sort. Hutchinson et Hassels furent condamnés à une amende et déclarés incapables de remplir aucune place. Olivier saint-Jean et 17 autres nommés dans l'acte eurent défense de jamais accepter aucun emploi civil, ecclésiastique ou militaire, sous peine d'être regardés comme déchus, et exceptés du bénéfice de l'amnistie. Tous ceux qui avaient prononcé des sentences de mort pendant l'usurpation furent déclarés incapables d'être élus membres du parlement,

---

* « Admittitis exemplum, et quiescendo commune crimen facitis. » .... « Isque habitus animorum fuit, ut pessimum facinus auderent pauci, plures vellent, omnes paterentur. »
                    Taciti *historiarum*, Liv. Ier, ch. 28.

ni d'exercer aucun emploi... Sir Henri Vane et le général Lambert furent de même exceptés de l'amnistie, quoiqu'ils n'eussent point eu de part au meurtre du roi. »

« Les Communes procédèrent ensuite à l'acte pour la confiscation des biens de ceux des régicides qui étaient morts, et pour le châtiment de lord Monson, de Mildmay et de Robert Walop, à qui le roi fit grace de la vie ; mais qui furent soumis à d'autres peines. En conséquence de cet acte, ils furent traînés sur des claies à Tyburn, avec des cordes passées à leur cou et on les condamna à une prison perpétuelle. »

« Le parlement ordonna que les corps de Cromwell, d'Ireton, de Bradshaw et celui de Pride seraient exhumés et traînés par les rues de Londres jusques à Tyburn où ils restèrent suspendus pendant un jour, après quoi on les enterra sous le gibet. »

Histoire d'Angleterre par Smolet. (Tom. 14, liv. 7, chap 1, année 1660).

« L'acte d'amnistie passa aux deux Chambres et bientôt après il reçut la sanction royale. Ceux qui avaient eu une part immédiate au meurtre du roi furent exceptés de la faveur accordée par cet acte. Even, Cromwell, Ireton, Bradshaw et d'autres encore, quoique morts furent aussi atteints et convaincus, leurs propriétés furent confisquées. »   Hume.

Scrope le seul des juges du roi, qui s'était rendu en conséquence de la proclamation de S. M., fut exécuté, parce qu'il avait été prouvé que peu de temps auparavant dans une conversation, il avait dit qu'il n'était nullement convaincu qu'il y eût le moindre crime à condamner le roi. Axtel, commandant de la garde de la haute Cour de justice ; Hacker, qui était à la tête des troupes le jour de l'exécution du roi ; Coke, procureur-général pour le peuple d'Angleterre ; et Hugues Peters, ce prédicateur fanatique dont les discours emportés enflammèrent l'armée et la poussèrent au régicide, tous ces hommes furent jugés et condamnés, ils périrent du même supplice que les régicides, et avec eux. » Hume.

« Les biens confisqués sur les partisans des Stwards lors de la révolte de l'Écosse en 1745, leur ont été rendus quand le calme a été rétabli dans ce pays ; ils ont été restitués par un acte du parlement de l'année 1784. »

HOLLANDE.

« En 1568, les terres et les revenus du souverain ; ceux de ses partisans, les biens de ceux qui servaient dans les armées ou qui s'étaient retirés dans les pays de la république, avaient été saisis et affectés aux besoins de l'État... Par le traité de 1609, il fut statué que la longue prescription de 42 ans n'aurait pas lieu et qu'elle ne pourrait pas préjudicier aux intérêts du parti contraire. Il fut aussi convenu que les sentences ou jugemens qui n'avaient point été rendus contradictoirement, seraient nuls et sans effet contre ceux qui n'ayant point comparu, auraient été condamnés, sans avoir été entendus ; mais que les effets mobiliers, les fruits perçus, et l'argent dû par des lettres de change qui avaient été payées, ne seraient pas restitués ; que les terres, les immeubles seraient incontinent remis aux anciens possesseurs, et que quant aux propriétés vendues par le fisc et à celles qui avaient été employées au service de l'État ou destinées aux établissemens publics, les anciens possesseurs de celles-ci en rece-

vraient la valeur ; enfin, que pour tenir lieu des autres
à ceux qui en avaient été dépossédés, le gouvernement,
tant que durerait la trève, leur en paierait le revenu
annuel... »

Hug. Grotii Annales de Rebus Belgicis, *an* 1568 *et* 1609.

« A la faveur de la trève de douze ans, conclue à
Anvers en 1609, entre l'Espagne et la Hollande, les
princes, seigneurs et gentilshommes catholiques romains, rentrèrent dans leurs terres et autres propriétés,
et ils fixèrent leurs résidences dans les Provinces-Unies.
Le prince d'Orange, celui qui était catholique romain,
se voyant rétabli dans ses biens paternels, choisit pour
y résider, la ville de Breda, comme étant l'ancien héritage de ses pères. »

Histoire de la Hollande, par M. de la Neuville.

« Par le traité de 1609, il fut réglé qu'une possession de 42 ans et un aussi long laps de temps, n'entraî-
neraient point la prescription, que les biens et terres
des couvens, les propriétés du clergé, qu'en 1568, les
Hollandais avaient confisqués dans les Provinces-
Unies, seraient restitués à leurs anciens propriétaires,
aux maisons religieuses, aux diverses corporations
ecclésiastiques et aux établissemens consacrés au service divin ; pour en jouir ainsi qu'elles faisaient par le
passé sous le gouvernement de la maison d'Autriche. »

Nono aprilis die factum est fœdus 1609.

Hug. Grotii Annales de Rebus Belgicis.

TRAITÉ de paix de Nimègue, entre *Louis XIV et les
États-Généraux des Provinces-Unies des Pays-Bas.*

(Liv. X, août 1678.)

« (Article 5) Ceux sur lesquels quelques biens ont

été saisis à l'occasion de ladite guerre, leurs héritiers ou ayans-cause, de quelle condition ou religion qu'ils puissent être, jouiront d'iceux biens et en prendront possession de leur autorité privée et en vertu du présent traité, sans qu'il leur soit besoin d'avoir recours à la justice, nonobstant toutes incorporations au fisc, engagemens soit en faits, sentences préparatoires ou définitives, par défaut et contumace, en l'absence des parties et icelles non ouïes, traités, accords et transactions, quelques renonciations qui aient été mises ès dites transactions pour exclure de partie desdits biens ceux à qui ils doivent appartenir, et tous et chacuns biens et droits qui, conformément au présent traité, seront restitués, ou doivent être restitués réciproquement aux premiers propriétaires, sans qu'il soit besoin d'impétrer pour ce consentement particulier; et ensuite les propriétaires des rentes, qui, de la part des fiscs, seront constitués en lieu des biens vendus, comme aussi des rentes et actions étant à la charge des fiscs, respectivement pourront disposer d'icelles par vente ou autrement, comme de leurs autres propres biens. »

TRAITÉ de paix de Rastadt, entre Louis XIV et Charles VI empereur d'Allemagne.

(Du 7 septembre 1714.)

« (Article 25.) Tous les vassaux et sujets de l'une et de l'autre puissance ecclésiastique et séculière, corps, universités, collèges, seront rétablis dans les honneurs, dignités et bénéfices dont ils jouissaient avant la guerre, ainsi que dans tous leurs droits, biens, meubles et immeubles, cens et rentes, même ceux qui sont sujets au rachat et qui auraient été envahis ou retenus pendant le temps et à l'occasion de la guerre, et ensemble dans leurs droits, actions et successions qui pourront leur être échus pendant la guerre, sans cependant qu'ils puissent rien réclamer des fruits et arrérages échus du jour de la détention jusqu'à celui de la ratification du présent traité.

« Ces restitutions s'étendront aussi à ceux qui ont suivi les partis contraires ou qu'on a soupçonnés de les favoriser, et à ceux auxquels après la paix de Nimègue, on a ôté les biens, les revenus ou les droits, soit *à cause de leur habitation en pays étrangers*, soit parce qu'ils n'ont pas rendu hommages... Et toutes ces restitutions auront lieu aussitôt la ratification de la paix, nonobstant toutes *donations, aliénations, concessions, confiscations, échanges, impenses, améliorations, sentences interlocutoires et définitives par défaut, rendues parties absentes et non ouïes; lesquelles sentences, ainsi que leurs prononcés, seront regardés comme nuls et non avenus**. »

* « Des sentences par défaut avaient été rendues contre les anciens propriétaires, et plusieurs d'entre eux désespérant de recouvrer jamais leurs propriétés, s'étaient arrangés avec les nouveaux possesseurs, et par des transactions avaient conservé une portion en faisant l'abandon de la plus grande partie... On annule tous les actes contraires qui auraient pu être faits, soit par le fisc, soit par les acquéreurs. On n'a pas même égard aux transactions que ceux-ci auraient pu faire avec les propriétaires, parce que le droit et la raison veulent qu'on présume que jamais un propriétaire n'abandonne librement une portion de son bien, quand il ne craint pas de perdre le tout; qu'ainsi ces actes dictés par la force et souscrits par la crainte manquent de ce consentement libre qu'aux yeux de la loi rien ne peut suppléer.

Esprit de l'Histoire, par M. Ferrand, page 306 et suivantes.

Cette dernière disposition des traités faits à cette époque et sur

La pleine et entière liberté étant laissée à tous les susdits de rentrer dans leur patrie et dans leurs biens, et d'en jouir, en fixant leur demeure partout où bon leur semblera; alors il leur sera permis de charger un fondé de pouvoir d'administrer leurs biens et leurs revenus, etc., etc*.

ESPAGNE, ITALIE, ALLEMAGNE, POLOGNE.

« Dès que l'office de Gonfalonnier eut été aboli à Florence, la république envoya des ambassadeurs au vice-roi, avec lequel les choses s'arrangèrent aisément, graces aux soins et à la modération du cardinal de Médicis, qui voulut bien qu'il ne fût pas fait mention de ses intérêts personnels. On ne traita donc que du rappel de ses partisans et de ceux qui avaient suivi sa personne comme simples citoyens et comme des particuliers. Tous rentrèrent dans leur patrie et il fut réglé que dans un temps donné et un terme fixé, ils pourraient rentrer dans ceux de leurs biens que le fisc avait aliénés ou vendus, sous la condition de rembourser le prix de la vente et celui des améliorations qu'auraient faites ceux auxquels ces propriétés avaient été transférées et à qui elles seraient reprises. »
Guicciardini, *Istoria d'Italia*, Liv. I, p. 318, an 1599.

ces matières est conforme à celles et rappelle celles que, dans sa toute puissante équité, le parlement d'Angleterre adopta : Voyez à ce sujet ce qui est rapporté ci-dessus page 37 ; enfin, *quiconque avait fait ce que la saine raison ne lui eût pas permis de faire,* etc.

* Les traités de Riswick du 20 septembre 1697 et d'Utrecht du 11 avril 1713, passés entre les mêmes puissances, contiennent, dans leur article 6, des dispositions qui sont absolument les mêmes que celles de l'article 5 du traité de Nimègue.

Lorsque la faction des *blancs* fut en l'année 1500 chassée de Florence par celle des *noirs*, le père de Pétrarque et Brigitte de Canigiani, mère de ce poète, furent, avec ceux du parti qu'ils avaient suivi, envoyés en exil et leurs biens furent confisqués... Lorsque le calme fut rétabli dans sa patrie, Pétrarque y fut rappelé par la république et le gouvernement de cet État lui adressa des lettres pour lui annoncer son rappel de l'exil ainsi que la restitution de tous ses biens paternels.

Vita de Petrarca.

« Le roi de Castille et d'autres princes rendirent Calatrava aux chevaliers de cet ordre qui en avaient été dépouillés par les Maures, comme le rapporte Mariana dans son histoire d'Espagne. Liv. 11, ch. 25.

« L'empereur Ferdinand en usa de même, il ordonna que pareilles restitutions fussent faites et que l'on rendît à l'Église des propriétés qui lui avaient été prises.'

Le même, Liv. 29, ch. 8.

La bulle de la Crusada, chaque année encore solennellement et publiquement lue en Espagne, est le dernier monument qui dépose de ces mémorables lois, par lesquelles les enfans rentraient dans les héritages que leurs pères avaient été forcés de céder au vainqueur et dont ils n'avaient cessé de revendiquer la possession.

L'empereur Ferdinand II, rendit un édit pour la restitution des biens enlevés aux églises, depuis Charles-Quint, par les protestans, an 1630.

Abrégé Chro. de l'hist. de France.

« Lorsqu'en 1756, la paix se fit entre l'empereur et le roi de France, il fut statué que l'on restituerait à Stanislas ses biens et ceux de la reine son épouse... qu'il

y aurait en Pologne une amnistie de tout le passé et
que chacun y serait rétabli dans tous ses biens, droits
et privilèges. Ces biens, ceux du roi, de la reine, ainsi
que ceux des particuliers qui avaient suivi le parti de
ce prince malheureux avaient été confisqués dès 1709.

APPENDIX.

Dans tous les temps, dans tous les lieux, les propriétés fruits de la rapine et de la violence furent frappées
d'anathèmes, les spoliateurs étaient voués au mépris à
l'exécration publique. Aussi, Cicéron dans une de ses
plus solennelles harangues (*contre la loi agraire*, c. 67)
adressait au peuple romain ces paroles : « Romains,
« quelle multitude pensez-vous qu'il existe de ces gens,
« qui ne pouvant supporter la haine que l'on a pour
« les biens provenant des encans de Sylla, désirent de
« les vendre et ne trouvent pas d'acquéreurs; qui
« voudraient à quelque prix que ce fût, d'une manière
« où d'une autre, être débarrassés de ces champs fu
« nestes? Ces ventes étaient si odieuses, ces posses
« sions arrachées aux proscrits étaient l'objet d'une telle
« réprobation que, pressé par sa conscience, ou cé
« dant à la pudeur, de lui-même, par un mouvement
« spontané, le consul Lépidus offrit de rendre aux lé
« gitimes propriétaires ces terres usurpées. On me
« reproche, dit-il, de posséder les biens des proscrits;
« certes, c'est un crime, oui, le plus grand des crimes
« de Sylla; c'est qu'il n'y avait de sûreté ni pour moi,
« ni pour personne à être homme de bien, à nous bien
« conduire. Au reste, ces biens que la crainte m'a forcé
« d'acheter, et quoique je les aie payés comptant,
« quoiqu'ils m'appartiennent de droit, je les restitue à

« leurs anciens maîtres. Je ne prétends pas souffrir qu'il
« reste dans ma main rien de la dépouille des citoyens. »

Harangue du consul M. Émilius, *contre Sylla.*

« La prudence, le soin de garantir la paix de l'avenir et de préserver la république de maux pareils à ceux
dont et du temps même de Cicéron elle avait été, elle
était encore accablée, inspira au père de la patrie ces
profondes, ces prévoyantes réflexions; lisant dans le
passé les destinées de l'avenir, ce grand homme d'État
dit : « après lui (Sylla), il en est venu un (César), qui
« dans une cause impie et dans une victoire plus igno-
« minieuse, a fait vendre les biens des particuliers...
« Nous sommes cruellement mutilés et nous méritons
« de l'être! car, si nous n'avions pas laissé impunis les
« forfaits des précédens scélérats, jamais celui-ci ne
« serait parvenu au point de pouvoir se porter à d'aussi
« grands excès... Non, jamais le gorme ni la semence
« des guerres civiles ne manqueront parmi nous, tant
« qu'il y aura de ces hommes affreux, qui se souvien-
« dront de cette *haste* sanglante et qui conserveront
« la mémoire de ces coupables enchères, et qui se flat-
« teront de les voir renaître parmi nous, d'où il faut
« conclure qu'avec de telles amorces, les citoyens
« seront toujours prêts à s'égorger... La *haste* de César,
« pères conscrits, excite l'audace et entretient l'espoir
« des scélérats et d'une multitude de pervers. Ces mi-
« sérables! ils verront que, facilement et tout à coup,
« ils peuvent passer de la misère à l'opulence, du mé-
« pris au respect : aussi ceux qui convoitent nos biens,
« qui brûlent de s'en emparer, désirent-ils toujours de
« voir brandir ce signe funeste du puissant et sûr auxi-
« liaire des séditions; ce signe qui arme les esclaves

« contre leurs maîtres, les scélérats contre les hommes
« de bien et les pauvres contre les riches. » Cicéron.

Les plus graves historiens, les meilleurs esprits de
l'antiquité ont manifesté les mêmes craintes et ont mon-
tré la même prévoyante sagesse. « On ne commet un
« crime que dans la vue des avantages qu'on s'en pro-
« met. Arrachez-donc au coupable le fruit qu'il en a
« retiré, et personne ne sera tenté d'être gratuitement
« criminel; mais, dès que les forfaits sont assurés de
« leurs récompenses, il est difficile qu'on demeure at-
« taché à l'honneur sans profit. »

Harangue de Philippe *dans les fragmens de Salluste.*

« Les méchans conserveront le fruit de leurs forfaits... Alors personne ne pense qu'il lui soit honteux
de faire ce qui a été avantageux à d'autres. »

V. Paterculus.

« Le crime malheureux même et puni trouve encore
des imitateurs, que sera-ce donc s'il obtient des succès
et s'il triomphe ? »   Tacite.

« Ces proscriptions, le meurtre des citoyens, les
confiscations, le partage des terres arrachées violemment aux antiques propriétaires par les factieux et durant les troubles civils, étaient condamnés par les bri-
gands qu'ils enrichissaient. Ces vols, ces assassinats,
étaient tellement odieux, que ceux qui les ordonnaient
ne pouvaient les justifier ni même y trouver une ex-
cuse. »   *Annales de* Tacite. Liv. I, ch. 10.

Une salutaire prévoyance, cette justice éternelle dont
les gouvernemens ne peuvent s'écarter sans courir un
danger éminent de se perdre un jour. « L'expérience
des temps est bien préférable aux expériences des hommes »   M. de Bonald.

Les leçons de l'histoire que le comte de Maistre appelle justement « la Politique Expérimentale, » Cicéron bien long-temps avant lui l'avait ainsi définie ; enfin, les décisions des jurisconsultes les plus estimés et celles que les plus grands hommes d'Etat ont professées sur ces graves matières, ont dicté à un publiciste justement célèbre cette sentence devenue une règle du droit des nations.

« Lorsque le souverain reprend son autorité et que
« l'État retourne en sa puissance, il rétablit dans leurs
« droits les sujets dépouillés, et par conséquent ils re-
« couvrent tous leurs biens, autant que de leur nature
« ils peuvent être recouvrés : ils reprennent donc leurs
« immeubles des mains de ceux qui se sont trop pressés
« de les acquérir ; ils ont fait un marché hasardeux,
« en les achetant de celui qui n'y avait pas un droit ab-
« solu, et s'ils ont fait une perte, ils ont bien voulu s'y
« exposer. »   VATEL.

L'histoire et les principes qui, en pareilles circonstances ont constamment dirigé les gouvernemens légitimes, se réunissent pour proclamer la sanction donnée à ces reprises des biens ravis par la violence et usurpés par la révolte, ils ont signalé la sagesse et la justice de les restituer aux propriétaires dépouillés. A d'aussi hautes considérations, il s'en joint d'autres encore, c'est que ces coupables acquéreurs, ces iniques détenteurs des fruits du brigandage, comme l'enseignent les oracles les plus solennels, les plus universellement reçus, ne pouvaient pas être considérés comme *propriétaires*, qu'ils n'étaient pas même censés être possesseurs, car, « celui-là n'est pas regardé comme possesseur qui a obtenu une propriété qui peut être ravie. » DIGESTE.

« Et celui qui a été dépouillé de sa propriété par la force, doit être considéré comme possesseur et il a le droit de la réclamer. » Digeste.

« L'acquéreur fût il même de bonne foi, ne peut se prévaloir de la prescription, pour retenir une propriété dont le possesseur aurait été dépouillé par la violence et pour l'empêcher d'y entrer. » *Le même.*

Ces détenteurs n'étaient pas *héritiers* puisque « l'héritage n'est autre chose que la faculté de succéder à tous les droits du mort qui lui-même n'en avait pas. » *Le même.*

En perdant ces propriétés, si solennellement frappées d'injustice et d'invalidité, les détenteurs *ne perdaient rien*, puisqu'enfin « ne sont pas censés avoir *perdu* une chose, ceux à qui elle n'appartenait pas légitimement. » *Le même.*

Les propriétaires légitimes en se ressaisissant des biens qui leur avaient été violemment enlevés, ne firent éprouver aucune perte à ceux qui les avaient retenus injustement, en effet, « celui qui, par sa faute, a éprouvé une perte, n'est pas censé l'avoir éprouvée d'un autre. » *Le même.*

Enfin, dans cette conduite invariable tenue par les gouvernemens, l'autorité des lois se trouve réunie à celle des exemples, et l'empereur Justin ordonne à ses juges, lorsque des lois existent, de s'y conformer et de ne s'attacher qu'à ce que prescrivent la justice et le droit, et il leur enjoint expressément de ne point s'étayer d'exemples. « *Omnes judices nostros veritatem, et legum et justitiæ sequi vestigia sancimus.* »

(Cod. Liv. VII, T. 45, ch. 15.)

Cependant, si le droit n'a pas prononcé, les juges peuvent invoquer les antécédens et prononcer d'après eux « *vivitur tamen exemplo.* »   *Novella* 22, ch. 21.

« Quis est autem quem non movent clarissimis monumentis testata consignataque antiquitas. »

Cicéro, de Divinatione, L. 1, C. 40.

FIN.

A. PIHAN DELAFOREST, Impr. de Monsieur le Dauphin et de la Cour de Cassation , rue des Noyers , n° 37